传统文化与当代大学生孝德教育研究

黄倩倩 著

湘潭大學出版社
XIANGTAN UNIVERSITY PRESS

图书在版编目（CIP）数据

传统文化与当代大学生孝德教育研究 / 黄倩倩著
. -- 湘潭 : 湘潭大学出版社 , 2024.1
ISBN 978-7-5687-1080-0

Ⅰ. ①传… Ⅱ. ①黄… Ⅲ. ①大学生－品德教育－教育研究 Ⅳ. ①G641.6

中国国家版本馆 CIP 数据核字（2023）第 070336 号

传统文化与当代大学生孝德教育研究

CHUANTONG WENHUA YU DANGDAI DAXUESHENG XIAODE JIAOYU YANJIU

黄倩倩 著

责任编辑：牛敬丹
封面设计：悟阅文化
出版发行：湘潭大学出版社
社　　址：湖南省湘潭大学工程训练大楼
电　　话：0731-58298960 0731-58298966（传真）
邮　　编：411105
网　　址：http://press.xtu.edu.cn/
印　　刷：成都市兴雅致印务有限责任公司
经　　销：湖南省新华书店
开　　本：710 mm×1000 mm 1/16
印　　张：12.5
字　　数：221 千字
版　　次：2024 年 1 月第 1 版
印　　次：2024 年 1 月第 1 次印刷
书　　号：ISBN 978-7-5687-1080-0
定　　价：68.00 元

目　录

CONTENTS

导 论

习近平总书记在党的二十大报告中指出："培养什么人、怎样培养人、为谁培养人是教育的根本问题。育人的根本在于立德。全面贯彻党的教育方针，落实立德树人根本任务，培养德智体美劳全面发展的社会主义建设者和接班人。"[1] 立德树人是党和国家人才培养的核心思想，深刻回答了"培养什么人、怎样培养人、为谁培养人"这一根本问题。国无德不兴，人无德不强。孝德是人与生俱来的情感，传递着人与人之间的爱，是一个人最基本的道德品质。"中华优秀传统文化已经成为中华民族的基因，植根在中国人内心，潜移默化影响着中国人的思想方式和行为方式。"[2] 孝德作为五千多年来中华民族优秀传统美德的价值内核，已经熔铸于中华儿女世世代代的血脉和灵魂之中。孝德不仅是中华民族伦理道德规范的集中体现，是公民道德品质的重要基础，也是大学生道德养成的关键要求。孝德作为中国传统道德的重要部分，数千年来一直为中国人所重视，调节着中国人的家庭伦理关系和社会道德规范。任何国家、任何民族、任何时代都需要良好的道德规范，推动国家发展，维护社会稳定。对于世界观、人生观、价值观尚未定型的青年大学生而言，孝德素质的培养意义更显著。梁启超先生在《少年中国说》中指出："故今日之责任，不在他人，而全在

[1] 习近平：《高举中国特色社会主义伟大旗帜 为全面建设社会主义现代化国家而团结奋斗——在中国共产党第二十次全国代表大会上的报告》，人民出版社 2022 年版，第 34 页。

[2]《习近平谈治国理政》（第 1 卷），外文出版社 2018 年版，第 170 页。

我少年。少年智则国智，少年富则国富，少年强则国强。”[1] 青年兴则国家兴，青年强则国家强。只有赢得青年，才能赢得未来。党的十九大报告指出：“青年一代有理想、有本领、有担当，国家就有前途，民族就有希望。中国梦是历史的、现实的，也是未来的；是我们这一代的，更是青年一代的。中华民族伟大复兴的中国梦终将在一代代青年的接力奋斗中变为现实。”[2] 在新时代历史方位下，当代大学生是国家宝贵的人才资源，是推动社会进步的重要力量，肩负着时代赋予的全面建设社会主义现代化国家和实现中华民族伟大复兴的历史重任和光荣使命。当代大学生是国家宝贵的人才资源，是推动社会进步的重要力量。当前我国正处于全面建设社会主义现代化国家、向第二个百年奋斗目标进军的关键时期，当代大学生成长成才关乎整个民族素养，影响着社会主义核心价值观的培育和践行，也关系到国家富强、民族复兴、人民幸福的中国梦的实现。

改革开放以来，由于西方资本主义价值观的冲击以及文化多元化等多方面因素的影响，对中国传统文化、孝德文化的弘扬传承产生了一定程度的影响。社会上道德领域问题较为突出，一些人崇尚个人主义，追求物质享受，社会上不孝行为频发，出现不尊重父母、不体谅父母、不赡养父母甚至虐待父母长辈的现象。诸如在西班牙留学的中国女孩因生活费辱骂父亲并将聊天记录发到网上表达不满，有旅日留学生汪某在浦东机场因学费问题持刀刺向母亲，还有北大学子吴某以残忍手段将独自抚养他长大成人的母亲杀害等不孝事件，在社会上引起了广泛关注，并产生了恶劣影响。这些人普遍具有高学历，甚至是学习上的佼佼者。但是，高学历未必代表着高素质。他们不仅没有尽到孝敬父母、赡养父母的责任和义务，甚至给父母的精神和身体都带来了巨大伤害。这些不孝事件的发生，虽然属于比较极端的个案，不能当作普遍看待，但现实中依然不时有大学生不善待父母、不孝敬长辈的事件出现。有网友列出对父母不孝的七宗罪，其中对父母大呼小叫、颐指气使、啃老等行为皆入榜，这也可以在一定程度上说明这些行为还是比较普遍，社会上还有一些人对父母也许做到“能养”，却

[1] 梁启超：《少年中国说》，中国画报出版社 2014 年版，第 9 页。

[2] 习近平：《决胜全面建成小康社会　夺取新时代中国特色社会主义伟大胜利——在中国共产党第十九次全国代表大会上的报告》，人民出版社 2017 年版，第 70 页。

“色难”，对父母精神上的慰藉没有实现。当代大学生受到个人主义、功利主义、自由主义等影响，思想观念和行为习惯都发生变化，出现价值上的困惑和迷茫。当代大学生出现不同程度的孝德缺失，需要学校、家庭和社会多方力量重视大学生孝德教育工作。开展传统文化与当代大学生孝德教育研究，提高大学生的孝德意识，让大学生心生孝德、孝敬父母、善待长辈，养成良好的道德品质，并将内化于心的孝德转化为践行孝德的实际行动，有利于弘扬传承中华优秀传统孝德，培育和践行社会主义核心价值观，引领全社会形成崇德向善的良好氛围。因此，开展传统文化与当代大学生孝德教育研究，直接关系到高校立德树人根本任务的落实，关系到全社会的思想道德建设，关系到新时代新使命的完成，具有重要的时代价值。

一、研究的缘起

百善孝为先，孝为德之本。孝的基本含义是对父母的赡养，是子女对父母的一种善行和美德。孝德是孝的具体化，孝德侧重于以孝为载体的德行规范。孝德不仅包括孝德观念和孝德意识，也包括孝德规范和孝德行为。孝德是剔除了传统孝德中愚孝方面的内容，强调的是更为合理、更为科学的孝德观。当代孝德的核心内容包含了赡养父母、孝敬父母以及感念亲恩。俗话说：“老吾老以及人之老，幼吾幼以及人之幼。”弘扬中华优秀传统孝德，从个人对父母的孝敬推及对他人、对社会的爱心，积极营造敬老爱老的社会氛围。通过由己及人的类比外推，可以将亲爱友善精神传递到社会的各个角落，让社会处处充满“温情”与“敬意”。当前，大学生受到享乐主义、个人主义、拜金主义等多方面因素的影响，出现孝德认知模糊、孝德情感淡漠、孝德行为缺失等问题，亟待开展大学生孝德教育。在学术界现有成果的基础上，探究当代大学生孝德问题及其影响因素，提出当代大学生孝德教育的理论构想和现实路径。因此，对当代大学生孝德教育问题进行研究，对提高当代大学生的孝德修养、促进社会成员的道德水平以及培育和践行社会主义核心价值观，都具有重要的理论意义和现实价值。

（一）理论意义

1. 有助于丰富和完善孝德教育的马克思主义人学基础

马克思毕生都特别重视人的发展问题。马克思在《共产党宣言》中明确指出："代替那存在着阶级和阶级对立的资产阶级旧社会的，将是这样一个联合体，在那里，每个人的自由发展是一切人的自由发展的条件。"[1]他还指出："人的本质并不是单个人所固有的抽象物，在其现实性上，它是一切社会关系的总和。"[2]从马克思的这些论述可知，他强调人的本质是社会性的，人的发展的最终目标是实现自由而全面的发展，强调环境和教育对于实现人的发展的作用，倡导充分发挥人的主观能动性。马克思关于人学的基本理论思想与大学生孝德教育的目标是一致的。孝德教育的主客体均为人，始终以人为中心和前提，根本目标也是对人的品德培养和塑造，是以实现个体自由全面发展为目标的社会性活动。大学生孝德教育研究，不断完善孝德教育理念、内容和方法，为大学生提供道德品质培养的价值指向，为大学生孝德教育研究提供的理论指导，也不断完善和发展马克思主义人学理论。

2. 有助于丰富和发展大学生思想政治教育的方法论

思想政治教育方法是思想政治教育者借以调动构成思想政治教育活动的其他诸要素的作用，并最大限度地发挥各自效能，服务于思想政治教育目的实现的手段。选择合适的孝德教育方法，探索有效的孝德教育路径，能够为思想政治教育方法的有效性发挥创造更好的条件，推动孝德教育内容更好地为教育对象所内化，这为我们研究实现大学生孝德教育与思想政治教育方法创新相结合提供了行之有效的途径。孝德教育是高校思想教育体系的重要组成部分。深入挖掘优秀孝德文化的价值，并使之转化为适应当前高校大学生德育建设的新形态，引领大学生建立和完善自己的孝德观念，提高大学生日常孝行以及孝德教育的实效性。大学生孝德教育活动，需要针对学生的思想实际、个性特征和精神需求，以及结合学生孝德的认知、情感、意志、信念、行为等心理要素，采取符合学生发展的思想政治

[1]《马克思恩格斯文集》（第 10 卷），人民出版社 2009 年版，第 666 页。

[2]《马克思恩格斯文集》（第 1 卷），人民出版社 2009 年版，第 501 页。

教育方法。在大学生孝德教育活动过程中，需要综合运用教育方法。当前开展孝德教育研究仍然较缺乏方法论支撑，已有研究比较缺乏深度和广度，较为重视方法的实践性特征，而忽视方法的理论性特征。以大学生孝德教育为切入点，着力对孝德教育问题进行理论探讨，从理论上深化大学生思想政治教育方法论，为解决当代大学生孝德教育问题提供理论参考，不断拓展和创新大学生思想政治教育的方法和路径。

（二）现实意义

1. 有助于培养大学生思想道德素质和健全人格

育人为本，德育为先。孔子认为，孝是“至德要道”。《颜氏家训·勉学》云：“孝为百行之首”。王昶也强调说：“夫孝敬仁义，百行之首，行之而立，身之本也。”[1] 孝德作为个人品德的根本，是每个人都必须具备的道德素养。个人道德养成从孝顺开始。对父母孝敬，是家庭责任感的体现。孝德是评价一个人品德高低的基本标准。一个人只有孝敬父母、关爱长辈，才是具有良好品质的人。从中国文化的基本精神来看，修德做人可谓最为核心的内容。孔子曾言：“德之不修，学之不讲，闻义不能徙，不善不能改，是吾忧也。”朱熹曰：“修德是本。为要修德，故去讲学。”[2] 孝德是评判个人道德的基准，孝德的培养不仅符合大学生的成长规律，同时也为大学生自身道德素质的提升奠定了良好基础。大学生孝德水平的提高是整体道德素质提升的基础，使高尚道德的形成有了可能性。作为思想道德的重要组成部分，孝德本身并不是孤立存在的，是与尊老爱幼、礼让博爱、谦虚谨慎、自强不息等美德相融合的良好道德修养。这些美德又是个人具备较高综合素质的具体体现，是个体健康成长和顺利成才的重要前提。青少年阶段是人生的“拔节孕穗期”，最需要精心引导和栽培。大学生处于人生成长的重要阶段和思想品德形成的关键时期，大学生的思想行为都具有比较强的塑造性，是开展孝德教育的最佳阶段。为此，教育者要遵循大学生身心成长的客观规律，教育引导大学生将外在社会道德准则与规范内化为自身的道德品质，并将其外化为良好的道德行为习惯，促进大

[1] [晋]陈寿：《三国志》（第3册），中华书局1982年版，第744页。

[2] [宋]朱熹：《朱子语类》（第3册），中华书局1986年版，第858页。

学生道德品质的理性成长。当代大学生肩负着实现国家富强、民族复兴、人民幸福的时代使命，大学阶段的世界观、人生观、价值观至关重要。这就要求当代大学生群体自觉提升自身思想道德修养，具有承担时代责任和历史使命的意识。中华优秀传统孝德是大学生思想品德教育的重要内容，开展孝德教育是完善大学生思想道德素质的有效方法。进行当代大学生孝德教育研究，有利于引导大学生增强孝德认知，提升孝德素养，培养孝德行为能力；有利于大学生树立孝亲敬长观念，培养崇德向善的良好道德品质，形成健全人格。

2. 有助于推动大学生弘扬和传承中华优秀传统孝德

习近平总书记指出："中华文化既坚守本根又不断与时俱进，使中华民族保持了坚定的民族自信和强大的修复能力，培育了共同的情感和价值、共同的理想和精神。"[1] 中华优秀传统文化蕴含着丰富的道德理念和规范，如天下兴亡、匹夫有责的担当意识，精忠报国、振兴中华的爱国情怀，崇德向善、见贤思齐的社会风尚，孝悌忠信、礼义廉耻的荣辱观念，体现着评判是非曲直的价值标准，潜移默化地影响着中国人的行为方式。孝德在中华传统文化中具有非常高的地位。全面建设社会主义现代化国家要大力弘扬和传承中华优秀传统孝德，突出中国特色的传统道德和价值观念，增强文化自信和历史自信。中共中央办公厅、国务院办公厅印发的《"十四五"文化发展规划》提出，要加强中华优秀传统文化和革命文化研究阐释，深入研究中华文明、中华文化的起源和特质，构建中国文化基因的理念体系。新时代，需要进一步加强中华优秀传统文化教育，深入探究以孝治国、大孝报国的中华优秀传统孝德背后的东方思维方式，继承和发扬中华优秀传统孝德。传承发展中华优秀传统文化，就要大力弘扬自强不息、敬业乐群、扶危济困、见义勇为、孝老爱亲等中华传统美德。党的十九届六中全会指出，中华优秀传统文化是中华民族的显著优势，是我们在世界文化激荡中站稳脚跟的根基，必须结合新的时代条件传承和弘扬好。中华优秀传统孝德凝聚着中华优秀传统文化的思想精华和智慧结晶，在传承和发展过程中成为中华民族共有的精神家园。新时代弘扬中华优秀

[1] 中共中央文献研究室：《十八大以来重要文献选编（中）》，中央文献出版社 2016 年版，第 121 页。

传统文化，实施中华文化传承工程，要大力挖掘中华优秀传统孝德资源，推动中华优秀传统孝德文化的创造性转化与创新性发展。当代大学生既是中华优秀传统美德的传承者，又是反映新时代道德规范的实践者。大学生只有全面提高思想道德素质，才能更好学习和弘扬中华优秀传统孝德文化。当代大学生对传统孝德文化认识存在片面化，以及历史原因所造成的曲解，影响了中华优秀传统孝德的弘扬传承。本研究厘清新时代背景下孝德的内涵与历史演变，挖掘中华优秀传统孝德文化资源，在弘扬的基础上加以创新与转化，积极倡导养亲敬亲、知恩感恩等优良传统孝德，引导当代大学生关注和学习中华优秀传统孝德，丰富大学生的孝德文化基础，使当代大学生成为中华优秀传统文化的继承者和传播者，弘扬传承中华优秀传统孝德，推动中华优秀传统文化的发展。

二、国内外研究综述

中华民族历来都十分重视孝德教育问题。由于历史原因，中华人民共和国成立初期孝德的宣传和研究相对较少。进入 20 世纪 80 年代以后，学者对于孝德问题的研究逐渐增多。21 世纪以来，随着社会的不断发展，出现了人口老龄化日趋严重的问题，政府和学界对孝德的研究更为重视。学界本着客观理性的态度，从历史学、伦理学和社会学等领域对孝德问题进行系列研究，形成了较丰富的研究成果。因为孝德本身还涉及家庭、政治、伦理等方面的道德规范，在关于孝德教育问题的研究中，学者将研究的重点放置于伦理学领域里。随着社会快速发展以及面临的老龄化社会问题，孝德教育的内容、途径等方面也发生了一些新变化。一些学者立足于当前社会的现实状况，开始把探究传统孝德、大学生孝德教育的现实境遇与现代转化作为研究着眼点。通过目前现有文献资料可以看到，孝德研究集中在历史、伦理学、历史学、社会学等领域，立足于当前高校德育工作、大学生孝德教育等视角的研究相对缺乏，其研究的深度和广度也还存在不足。

（一）国内研究综述

通过查阅相关研究资料发现，截至2022年12月，在中国知网数据库对“孝”进行题名搜索，研究文献有九千多篇；对“孝道”进行题名搜索，研究文献有三千余篇。数据显示，当前对于孝或孝道本身的研究成果比较丰富。在中国知网数据库上以“孝德”为题名进行搜索，研究文献有近300篇；以“大学生孝德”为题名进行搜索，研究文献不到百篇，其中硕士论文有10余篇，尚未发现博士论文。通过国家图书馆和学校图书馆等途径查阅发现，关于大学生孝德教育的学术著作很少。目前国内学者在孝德方面的研究主要集中在孝的起源和演变、孝的内涵和外延、孝的地位和现代价值等方面，肖群忠的《孝与中国文化》、张云风的《漫说中华孝文化》、魏英敏的《孝与家庭伦理》、肖波的《中国孝文化概论》、贾宏雄和易罡主编的《孝文化漫谈》是研究的代表。其中与大学生孝德教育相关的专著只有宋阳、苏建福主编的《大学生孝德文化读本》（2014年郑州大学出版社出版）1本，其余的几本专著内容无一例外都是记载孝德故事的读本，或者是传承发扬孝德文化教育的读本，并没有看到关于大学生孝德教育方面的研究内容。总体来看，关于孝德教育的研究仍相对薄弱，主要内容集中在养老过程中各阶层居民的孝德观念和行为表现的调查分析，以及青少年家庭教育和亲子关系中的孝德问题分析，研究方法较为简单。当前对于大学生孝德教育的研究成果还是比较少。从近年来的研究发展趋势来看，越来越多的学者开始关注孝德或者大学生孝德教育方面的问题，研究成果不断上升。现将目前对孝德、大学生孝德教育的相关研究成果进行归纳与分析。

1. 对当代孝德的研究

关于孝德的内涵及内容研究。不少学者对孝德的内涵进行了研究，众多学者对孝德内涵的看法和观点各不相同。张云风在《漫说中华孝文化》中指出，《孝经》全面阐述了孝的内涵，并且把孝德的基本内涵表述为“善事父母”，但是因为孝德所涵盖的道德品质比较广泛，仅仅局限于“善事父母”是不够的，还应该将其泛化。传统孝道内涵丰富，博大精深。20世纪80年代，台湾学者杨国枢（1985）对古代典籍《礼记》《四书》《孝经》和著名家训中所记载的有关孝道的表述与事例进行分析后，总结出了传统孝道的十五项基本内涵：敬爱双亲；顺从双亲；谏亲于理；事亲以礼；继承志业；显扬亲名；思慕亲情；娱亲以道；使亲无忧；随侍在侧；奉养双亲；爱护自己；为亲留后；葬之以礼；祀之以礼。[1] 考虑到这十五项内涵过于庞杂，在实际研究时难以操作，杨国枢（2004）在后续的研究中又将之浓缩为四个维度，即尊亲悬亲、抑己顺亲、奉养祭念、护亲荣亲。[2] 总的来说，孝德最初始的含义和最基本含义的认识是统一的，即孝德是指尊长敬亲，善事父母，扬名立身，继志述事。孝德在汉语词典中解释为“尊祖爱亲的品德”。学者们基本上是从中国古典文献资料中探讨孝德的内涵，分析和总结孝德的内容。赵军华、白精卫（2009）认为传统孝德的主要内容应该包括孝养、孝敬、孝顺、孝谏、孝思、孝继、孝丧、孝祭。[3] 肖群忠（1997）认为，孝道的伦理精神本质是敬、忠、顺，或者说，孝道主要是由爱心、敬意、忠德、顺行构成的。[4] 周海生（2019）认为可以透过家训来认识和把握孝道的内涵和要求，善事父母的孝包含着“养亲”“爱亲”两个方面，凝聚着爱敬忠顺伦理精神的孝道文化具体包括：尽心养亲、爱敬至上、顺亲为大、谏亲从义、丧祭遵礼。[5] 卢明霞从研究传统孝德的含义以及当代转化的必要性和可能性，提出了当代孝德是指全心侍奉父母、敬爱长辈的品德。[6] 她认为孝德的核心含义是：敬爱父母与赡养父母以及感念亲恩。[7] 王婷婷（2010）认为传统孝德具有愚民性和不平等性，孝德以尽孝讲和、尊老爱亲和孝行天下为主要内容，提出了把孝敬父母、奉养父母以及感念亲恩作为新型孝德的核心内容。[8] 孔润年

[1] 杨国枢：《现代社会的新孝道》，《中华文化复兴月刊》1985 年第 19 期。

[2] 杨国枢：《中国人的心理与行为：本土化研究》，中国人民大学出版社 2004 年版。

[3] 赵军华、白精卫：《传统孝德及对当代大学生孝德教育的借鉴》，《思想教育研究》2009 年第 3 期。

[4] 肖群忠：《“夫孝，德之本也”——论孝道的伦理精神本质》，《西北师大学报（社会科学版）》1997 年第 1 期。

[5] 周海生：《家训中的孝道及其价值意蕴》，《理论学刊》2019 年第 5 期。

[6] 卢明霞：《当代中国孝德研究》，东北师范大学硕士学位论文，2005 年。

[7] 卢明霞：《中国孝德教育的历史与变革》，东北师范大学博士学位论文，2010 年。

[8] 王婷婷：《和谐社会视角下的大学生孝德教育研究》，湖南农业大学硕士学位论文，2010 年。

（2011）认为，指出《孝经》中体现的孝德内涵主要包括四种：奉养与服从、爱敬和争谏、谦虚谨慎和恪守先王之道、死事哀戚和宗庙祭祀。[1] 杨立灵（2011）提出要吸收传统孝德的合理部分，使孝德具有时代内涵，要以社会主义荣辱观作为指导，抛弃封建落后部分，基于感恩回报这一核心，把当代文明和谐家庭的构建作为目的，把尊老爱老、男女平等、夫妻和睦、勤俭持家等作为主要内容，从而形成良好的家庭道德规范，建设和谐幸福的家庭。[2] 肖群忠（2012）探讨了传统孝德的内涵，提出了孝德的时代内容包含养亲与敬亲、居常与侍疾、顺亲与谏亲。[3] 周重浪（2012）提出，无论从哪种角度分析孝德，都离不开孝养、孝敬、孝思和孝顺这几个方面的内容。[4] 刘霞（2015）探讨传统孝德的含义及其基本内容，提出当代孝德应该回归家庭道德的原有之义，养亲敬亲等内容应该受到更多人重视，其中的“顺”等内容应该根据时代要求进行合理的转化。[5] 鲍冉冉（2015）在探讨传统孝德含义的基础上，提出了当代孝德包括三点：一是善事和敬养父母，二是珍爱生命，建功立业，光耀门楣，三是泛爱众。[6] 卢勇（2015）提出可以通过规范语言将孝道主要内容表示出来：应当奉养父母；应当对君主敬忠；应当建立功德，扬名后世。孝包含了社会个体对父母、对祖先、对君主、对社会的道德责任，体现着个人自我价值与社会价值的统一。由安身到立言、立功、立德，由低到高，最终实现孝道圆满的境界。当然，从这三条主要内容还衍生出来很多具体的规范要求。[7] 顾丹颖（2016）在分析孝德的内涵与外延的基础上，认为现代化的孝德建立在亲情、感情的基础上，以感恩的公民意识为载体，孝德教育的过程中，亲子双方处于平等的地位，这与封建社会推崇的“生孝”和“死孝”都有

[1] 孔润年：《传统“孝”德内涵的演变与现代转换》，《道德与文明》2011 年第 3 期。

[2] 杨立灵：《中国传统孝德现代转化问题研究》，河北经贸大学硕士学位论文，2011 年。

[3] 肖群忠：《谈孝德》，《中国德育》2012 年第 12 期。

[4] 周重浪：《当代大学生孝德现状及教育对策研究》，中南大学硕士学位论文，2012 年。

[5] 刘霞：《当代中国孝德危机与重构研究》，山西大学硕士学位论文，2015 年。

[6] 鲍冉冉：《孝德教育由传统向现代转化研究》，辽宁大学硕士学位论文，2015 年。

[7] 卢勇：《传统孝道规范性的来源及其现代启示》，《东南学术》2015 年第 3 期。

着本质上的区别。[1] 李茹霞（2019）指出，孝德观念不是一成不变的，随着时代发展不断被赋予新的时代内涵。她认为当代孝德主要内容包括：一是孝德对象是父母，范围在家庭内部，主要表现为孝敬父母、赡养父母；二是当代孝德更加提倡人与人之间的平等，构建和谐的家庭关系；三是当代孝德包含更多的情感品质，更多的是关爱、感恩、奉献、理解等多种情感的汇集，是更人性、更细腻的。[2] 学者们基本上都认为，现代孝德的基本内涵与内容主要集中在孝顺父母、赡养父母以及感念亲恩、学会奉献等方面，当代孝德的内容不仅要吸收传统孝德的精华，也要加入新时代发展要求所需要的内容，顺应时代变化和历史发展趋势。

关于孝德的基本特点研究。一些学者对孝德的特征进行了比较详细的阐述，关颖（1992）认为新孝道的特点表现为四个方面：体现义务性、注重感情性、强调自律性、主张互益性。[3] 肖群忠（2001）在《孝与中国文化》一书中，将现代新孝道的主要特点总结为以下几点：人格平等性、义务并行互异性、注重感情性、强调自律性。[4] 杨立灵（2011）认为，当代孝德的特点主要是应该具有鲜明的时代性、注重情感交流和突出民主与平等。[5] 武宜俊（2011）提出重构中国传统孝德必须要把握时代性与民族性的统一，逻辑性与历史性的统一，必须具备的特点是：尊重家庭成员的人格与个性，强调权利与义务的对等性，还强调自律性及情感性。[6] 李萌（2015）将孝德的基本特点概括为三个方面：心理与品德的统一、历史积淀与时代精神的统一、观点疏导与情感熏陶的统一。[7] 刘霞（2015）认为适应时代发展需要的新孝德应该是：尽赡养之责而改赡养方式，持敬重之心且守平等人格，祛“相隐”之害而遵法治精神，践照顾之行并信科学之

[1] 顾丹颖：《当代大学生孝德现状及教育对策研究》，上海师范大学硕士学位论文，2016 年。

[2] 李茹霞：《大学生孝德观培育研究》，太原科技大学硕士学位论文，2019 年。

[3] 关颖：《建立现代社会新孝道的思考》，《理论与现代化》1992 年第 8 期。

[4] 肖群忠：《孝与中国文化》，人民出版社 2001 年版，第 354 页。

[5] 杨立灵：《中国传统孝德现代转化问题研究》，河北经贸大学硕士学位论文，2011 年。

[6] 武宜俊：《中国传统孝德思想研究》，南京师范大学硕士学位论文，2011 年。

[7] 李萌：《校园文化建设与大学生孝德教育》，《华北水利水电大学学报（社会科学版）》2015 年第 4 期。

道，寄哀思之意而简陈规陋俗。[1] 蔡晶晶（2015）认为，新时期应根据时代的要求建立义务性、自律性、互益性于一体的、反映现代社会新型亲子关系的孝道。[2] 学者们对于研究当代孝德的特点所涉及的并不多，相关研究成果也比较少，缺乏系统性与全面性。

关于孝德的两面性研究。孔润年（2011）认为，传统孝德的内涵复杂，既有维护等级、特权、专制的封建糟粕，又有体现人生规律和社会规律的科学内涵，无论是孝德的内涵还是孝德的历史影响都有消极和积极的两面性，要批判地继承和发展孝德。他指出了孝德的消极性表现在五个方面：宣扬“忠孝合一，移孝为忠”的思想，使孝成为“忠君”思想的来源，也成为维护封建专制统治的精神力量；封建孝道宣扬对于父祖绝对服从的人身依附思想，剥夺子女的独立人格，把父母的权利绝对化，具有不平等性；把孝德过分血缘化，宣扬父子相隐的思想，与现代社会的法治精神相违背；宣扬“不孝有三，无后为大”的重男轻女思想，也与近现代社会提倡男女平权的思想不一致；封建统治阶级宣扬“以孝治天下”的思想，树立了为尽孝母亲而埋儿等极端化或不真实的榜样，产生了道德异化和违背人道的消极影响。他认为孝德的合理性表现在：照顾、赡养父母的思想符合社会规律和人情世故；尊敬、孝顺父母，关心其精神文化生活需要，也是家庭养老的必然要求；孝德推广出的尊老精神有利于社会和谐。[3]

关于孝德的当代价值研究。近年来有较多学者开始重视孝德在提升个人修养、促进家庭和睦、维护社会稳定等方面的价值以及开展孝德教育的重要意义。首先是关于孝德的当代价值方面，武宜俊（2011）认为，中国孝德的当代价值主要体现在：一是个人方面，利于培养人们的道德品质和普世的人文关怀以及培养人们爱惜生命和敬畏生命的生命观；二是家庭方面，利于培养人们的家庭责任感；三是社会方面，利于家庭养老方式的落实。[4] 贺才乐等（2013）认为，传统孝德的当代价值主要体现为：一是可以提升人们的道德和形成良好的品质；二是可以和谐亲子关系，相对平衡

[1] 刘霞：《当代中国孝德危机与重构研究》，山西大学硕士学位论文，2015 年。

[2] 蔡晶晶：《新时期大学生“孝道”教育现状及对策》，《教育与职业》2015 年第 35 期。

[3] 孔润年：《传统“孝”德内涵的演变与现代转换》，《道德与文明》2011 年第 3 期。

[4] 武宜俊：《中国传统孝德思想研究》，南京师范大学硕士学位论文，2011 年。

父代与子代的权利与义务以及化解代际矛盾与冲突；三是能不断促进社会的稳定与和谐。[1] 刘霞（2015）从个人、家庭和社会三方面提出孝德的当代价值，首先，孝德有助于促进个体的人生美满和激发个体的感恩意识。其次，孝德利于调节家庭人伦关系和维护家庭和谐稳定。最后，孝德益于促进社会稳定和缓解中国社会养老压力。[2] 包那日苏（2015）认为孝德在当代社会的作用包括三个方面，对于个人而言提升道德素质和完善人格。对于家庭而言，是家庭和谐的重要保障，也是家庭和睦的必要美德。对于社会而言，维护当代社会稳定，促进文明延续发展，提升社会道德水平。[3] 龙静云（2017）则从三方面对孝德的重要价值进行了阐述：为维系血缘亲情提供现实根基、对促进家庭和谐具有重要价值、是建设良序社会的一大法宝。[4] 刘光洁（2020）阐释了传统孝道的时代建构功能：报本反始的生命本源意识有利于族群认同，仁民爱物的推恩意识有利于社会和谐，继志显亲的责任担当意识有利于个人成长。[5] 周海生（2019）认为，古代家训中孝道教化具有不可忽视的重要时代价值：汲取家训孝道教化的以孝立身观念，塑造人格；发挥家训孝道教化的陶冶熏陶作用，孕育家风；阐扬家训孝道教化的敦风化俗功能，醇厚世风。[6]

关于孝德教育的重要意义研究。卢明霞等从孝德教育对于个体、家庭和社会等方面的价值进行阐述，对于个体的价值是能够促进个体道德的提升和良好品质的形成；对于家庭的价值是有助于纠正亲代义务畸重的倾向，实现亲代与子代的权利义务平衡，有利于家庭的和睦与稳定；对于社会的价值来说，孝德教育有利于良好社会风气的形成，有助于实现老有所养、老有所乐、老有所终，促进整个社会的和谐与稳定。[7] 祖晨阳等

[1] 贺才乐、刘珺：《中国孝德的现实困境与路径选择》，《广西教育学院学报》2013 年第 6 期。

[2] 刘霞：《当代中国孝德危机与重构研究》，山西大学硕士学位论文，2015 年。

[3] 包那日苏：《当代大学生孝德现状及培养对策研究——以呼和浩特高校为例》，内蒙古农业大学硕士学位论文，2015 年。

[4] 龙静云：《日常生活中孝德的践履与核心价值观的落实》，《中州学刊》2017 年第 1 期。

[5] 刘光洁：《传统孝道伦理价值观的时代建构功能》，《人民论坛》2020 年第 28 期。

[6] 周海生：《家训中的孝道及其价值意蕴》，《理论学刊》2019 年第 5 期。

[7] 卢明霞、王立仁：《孝德教育的当代价值》，《思想教育研究》2010 年第 4 期。

(2011)认为，新时期孝德教育的价值主要体现在：利于个体塑造健全的人格，利于家庭生活的幸福以及社会主义现代化建设。[1] 王永明(2011)提出，孝德教育能够促进个体的全面发展，提升个体的道德水平；能够促进家庭和谐，提升家庭成员的幸福指数；能够营造校园和谐文化氛围，建立和谐人际关系。[2] 周重浪(2012)从个人、家庭和社会方面提出孝德教育的当代价值。个人方面，有助于个人思想品德素质和健康人格的培养；就家庭而言，有助于家庭亲子关系的平衡和家庭的和睦团结；就社会而言，有助于当今社会家庭养老压力的缓解和良好社会风气的形成。[3] 鲍冉冉(2015)认为，当代孝德教育的价值包括三个方面，一是个人品德方面，有利于培养现代人的感恩意识、责任感以及克服利己主义倾向。二是家庭方面，有利于现代家庭的安定幸福、和谐家风的形成以及独生子女的教育。三是社会治理方面，有利于老有所养的实现、和谐社会的构建以及文化软实力的提高。[4] 卢勇(2015)阐述了传统孝道规范性来源的现代启示：需要立足现代社会生产、生活的客观实际；需要坚持孝道入法与社会舆论监督相结合；需要坚持社会个体、家庭与国家三者关系的辩证统一；需要坚持教化与内化相结合。[5]

通过文献梳理发现，不少学者提出传统孝德的合理因素需要在现代社会得到传承与发扬，出现了一些探讨弘扬孝德和孝德的当代内容与价值的期刊论文、硕士学位成果，不过还没有出现专著等。目前的研究成果主要集中于对传统孝德的内容、孝德的当代价值等的分析，但是对于当代孝德的内容与特点的研究成果还不够丰富。

2. 大学生孝德教育的研究

关于大学生孝德的现状、孝德教育问题及其原因研究。对于大学生孝德现状的研究，有的是从大学生对孝德的态度、对孝德的认知以及孝德践

[1] 祖晨阳等:《试述孝德教育的地位及其价值诉求》,《前沿》2011 年第 23 期。

[2] 王永明:《高校孝德教育途径勘探》,《山西农业大学学报(社会科学版)》, 2011 年第 2 期。

[3] 周重浪:《当代大学生孝德现状及教育对策研究》, 中南大学硕士学位论文, 2012 年。

[4] 鲍冉冉:《孝德教育由传统向现代转化研究》, 辽宁大学硕士学位论文, 2015 年。

[5] 卢勇:《传统孝道规范性的来源及其现代启示》,《东南学术》2015 年第 3 期。

行的现状开展研究。蒋长富（2009）认为大学生孝德缺失表现为：孝德的知行出现错位、家庭亲情关系淡漠、缺乏尊敬父母的意识、辜负父母长辈的期望、缺乏倡孝感恩的意识。原因在于学校教育忽视孝德培育，家庭教育缺少孝德培育意识，社会生活淡化孝德意识。[1] 有的是从大学生孝德的认知、情感、意志与行为等孝德心理发展过程要素以及当代大学生对孝德培养的认识来探究大学生孝德现状。吴凡（2012）提出，当代大学生孝德的缺失包括：对传统孝德的精华缺乏全面认识、孝德情感缺乏全面性与多样性、孝德意志不够持久、孝行出现偏离。其原因在于学校孝德培育的忽视，家庭孝德培育的不足、社会风气的不良影响以及当代大学生忽视孝德修养。[2] 包那日苏（2015）从大学生的孝德认知、孝德情感、孝德意志和孝德行为四个层次探究现状。[3] 周重浪（2012）研究的内容包含有本义性孝德和延展性孝德以及孝德态度与行为。他指出目前大学生孝德问题普遍有：意识模糊不够坚定、认识浅显不够深刻、感情空洞缺乏情意、孝行缺少模式单一等。其分析原因在于：历史原因的影响；受到市场经济和西方文化的冲击；关爱方式失衡与感情缺乏；教育方式和内容有失偏颇；自控能力差；媒体审美的错位与舆论导向的偏差。[4] 张晓普等（2015）通过调查认为大学生孝德缺失主要表现在四个方面，一是孝敬观念淡化，意识淡薄。二是孝道行为不一，知行错位。三是孝心缺乏移情，情感缺失。四是孝行缺乏主动，模式单一。他们认为原因在于大学生心理、思想上不成熟以及压力过大，学校教育重智轻德和家庭教育的失衡错位，西方多元文化思潮的冲击等。[5] 王婷婷（2010）从和谐社会视角探究大学生孝德提出：淡薄的家庭责任感，淡漠的尊老敬老观念，欠缺理解关心行动。还从家庭教育观念的弱化和家庭教育内容的偏颇分析家庭教育，从学校对孝德教育重视不够和学校孝德方式的缺陷分析学校教育，以及从社会孝德意识的淡

---

[1] 蒋长富：《大学生孝德培育研究》，中南大学硕士学位论文，2009 年。

[2] 吴凡：《当代大学生孝德培育研究》，天津师范大学硕士学位论文，2012 年。

[3] 包那日苏：《当代大学生孝德现状及培养对策研究——以呼和浩特高校为例》，内蒙古农业大学硕士学位论文，2015 年。

[4] 周重浪：《当代大学生孝德现状及教育对策研究》，中南大学硕士学位论文，2012 年。

[5] 张晓普、刘宇虹、熊筱晶：《传统文化视域下大学生孝德培育研究》，《教育评论》2015 年第 9 期。

化，网络时代的不良影响和市场经济的负面影响分析了社会环境。[1] 这些调查反映了当代大学生孝德的主流是好的，但也存在部分大学生的孝德缺失，其缺失的原因大多从学校、家庭以及社会方面进行探究。对于大学生孝德教育存在的问题，王婷婷等（2010）提出，大学生孝德教育存在着以下问题：学校对孝德教育的重视程度不够、家庭教育的方法不太恰当和改革开放以来中西文化的冲击。[2] 夏艳霞（2015）从德育视野下研究大学生孝道教育，指出高校大学生的孝道教育现状堪忧，主要表现在：敬亲观念淡薄，不懂为父母尽孝，为父母分忧，啃老、享乐、拼爹成了时下屡见不鲜的现象；感恩意识模糊，漠视宝贵的亲情、友情、恩情等现象，在一定程度上折射出他们的精神“真空”，这种道德价值观偏离的“忘恩”情绪，正成为高校里的一股暗流；生命观念淡薄，心理不成熟，思想偏激，受不了挫折，容易采取极端行为。[3] 蔡晶晶（2015）认为，当代大学生“孝道”呈弱化趋势主要表现在：对父母的艰辛体谅不够，对父母不够尊重、关心，对父母的期待不能满足，对自己不爱惜。[4] 目前学者们对于大学生孝德教育存在问题的研究还不够丰富。

关于大学生孝德教育的重要意义研究。学界主要从有利于完善大学生的健全人格、维护家庭和谐与社会稳定、弘扬民族精神与优秀传统文化等方面展开研究。韩巍岩（2009）提出，加强大学生孝德教育的必要性在于：是培育和弘扬民族精神的需要，是培育民族精神的基本手段和途径；是我国人口老龄化背景下构建和谐社会的需要；是培养大学生健全人格的需要。[5] 蒋长富（2009）认为，大学生孝德教育利于大学生品德的成长，利于家庭关系的和谐，利于和谐社会的发展，利于实现高等教育培养的目

---

[1] 王婷婷：《和谐社会视角下的大学生孝德教育研究》，湖南农业大学硕士学位论文，2010 年。

[2] 王婷婷、陈冬林：《当代大学生孝德教育的有效途径探析》，《学理论》2010 年第 25 期。

[3] 夏艳霞：《德育视野下的大学生孝道教育研究》，《中国教育学刊》2015 年第 S1 期。

[4] 蔡晶晶：《新时期大学生“孝道”教育现状及对策》，《教育与职业》2015 年第 35 期。

[5] 韩巍岩：《论加强高校的孝德教育》，《沈阳工程学院学报（社会科学版）》2009 年第 3 期。

标，是践行生活德育理论的有效途径。[1] 王婷婷（2010）则提出了从和谐社会视角下大学生孝德教育的意义，有益于大学德育现状的改变，有益于大学生人格的完善，有益于大学生理想信仰的培养，有益于大学生良好道德品质的培养。[2] 张一澍等（2011）认为，高校开展孝德教育是大学生的品德素质提升的需要，是培养大学生家庭美德意识的需要，是和谐社会构建的需要。[3] 吴凡（2012）也提出，当代大学生孝德培育的意义在于有益于大学生健康成长，有益于家庭和睦，有益于社会和谐发展，有益于弘扬优秀传统文化。[4] 张晓普等（2015）认为，大学生孝德教育有利于实现高校思想教育目标，有利于青年大学生道德提升及健康成长，有利于构建和谐的人际关系和推动社会和谐发展，有利于促进家庭成员关系和睦融洽。[5] 龙静云等指出大学生孝德教育的重要价值在于弘扬优秀传统孝德的需要；构建社会主义和谐社会的需要；高校思想道德建设的需要；当代大学生提高自身素质的需要。[6] 冯译冉等（2017）认为，孝德资源在开展大学生德育工作方面所发挥着重要价值：孝德可以作为传承中华优秀传统文化的重要载体；助推社会主义核心价值观的培育；为大学生培养健全的人格提供借鉴；为大学生孝德素养的培育提供滋养。[7]

关于大学生孝德教育内容的研究。学者们主要集中在养老敬亲教育、世界观、人生观教育和知恩图报教育等方面的内容。蒋长富（2009）认为，将大学生孝德培育内容分为核心内容、支撑内容和拓展内容三个层次。核心内容是养亲教育、敬亲教育和自尊自爱教育；支撑内容是爱心教

[1] 蒋长富：《大学生孝德培育研究》，中南大学硕士学位论文，2009 年。

[2] 王婷婷：《和谐社会视角下的大学生孝德教育研究》，湖南农业大学硕士学位论文，2010 年。

[3] 张一澍、王永明：《高校开展孝德教育的重要意义》，《教育探索》2011 年第 11 期。

[4] 吴凡：《当代大学生孝德培育研究》，天津师范大学硕士学位论文，2012 年。

[5] 张晓普、刘宇虹、熊筱晶：《传统文化视域下大学生孝德培育研究》，《教育评论》2015 年第 9 期。

[6] 龙静云：《加强当代大学生孝德教育的探索》，《学校党建与思想教育》2018 年第 4 期。

[7] 冯译冉、孙志勇、张坤：《当代大学生孝德教育探析》，《石家庄学院学报》2017 年第 4 期。

育；拓展内容是感恩教育和爱国主义教育。[1] 韩巍岩（2009）认为，高校应该以具有时代性的孝德教育为内容，包括孝情教育、孝敬教育、孝恩教育以及孝养教育。[2] 而计红等（2009）认为，高校孝德教育的内容应包含：养老敬亲教育；世界观、人生观教育；齐家治国教育。[3] 王婷婷等（2010）提出，对大学生进行社会主义新孝德教育应包括三个方面：知恩图报教育，世界观、人生观教育及敬老养老教育。[4] 周重浪（2012）认为，孝德教育的内容主要有亲亲教育、仁爱教育、生命教育、感恩教育和责任教育等方面。[5] 吴凡（2012）在当代孝德内涵的基础上，对大学生孝德培育提出了新要求，即从孝德观念、敬爱父母、平等相处、赡养父母等几方面来继承和创新当代大学生孝德培育的内容。[6] 肖波（2015）等指出，大学生孝德教育的主要内容包括：一是养老敬亲教育；二是世界观、人生观教育；三是齐家治国教育；四是感恩存心、尊敬师长。[7] 贺才乐（2017）等认为，大学生新孝德教育的核心内容主要包括养亲敬亲教育、知恩感恩教育、生命教育、民主法治教育等四个方面。[8]

关于大学生孝德教育途径的研究。学者们主要从加强学校、家庭、社会以及个人等方面的教育着手提出大学生孝德教育的解决办法。韩巍岩（2009）主张，大学生传统孝德教育，要结合时代需要在实践中加强。[9] 蒋长富（2009）认为，大学生孝德教育的途径包括：建设崇尚孝德的良好校园环境氛围，形成良好的大学生孝德教育制度以及重视培养大学生在实践

[1] 蒋长富：《大学生孝德培育研究》，中南大学硕士学位论文，2009 年。

[2] 韩巍岩：《论加强高校的孝德教育》，《沈阳工程学院学报（社会科学版）》2009 年第 3 期。

[3] 计红等：《论高校开展孝德教育的内容与途径》，《经济研究导刊》2009 年第 20 期。

[4] 王婷婷、陈冬林：《当代大学生孝德教育的有效途径探析》，《学理论》2010 年第 25 期。

[5] 周重浪：《当代大学生孝德现状及教育对策研究》，中南大学硕士学位论文，2012 年。

[6] 吴凡：《当代大学生孝德培育研究》，天津师范大学硕士学位论文，2012 年。

[7] 肖波、徐玉琼：《以孝文化创新大学生德育》，中国文史出版社 2015 年版，第 146 页。

[8] 贺才乐、张涵：《大学生新孝德教育探讨》，《创新与创业教育》2017 年第 2 期。

[9] 韩巍岩：《论加强高校的孝德教育》，《沈阳工程学院学报（社会科学版）》2009 年第 3 期。

中孝亲敬老的品格。[1] 赵军华等（2009）认为，增强大学生孝德教育可以是：从大学生孝德认知着手，引导他们对孝德法律义务和道德要求的认同；从大学生孝德情感着手，引导他们增强孝亲敬老的感情；从大学生自身做起，推动他们践行孝德并形成社会风尚。[2] 王婷婷等（2010）探索大学生孝德教育的途径包括，一是不断发挥校园文化的育人作用，营造良好的孝德教育环境。二是完善孝德教育的方法，加强大学生的孝德践行。三是发挥家庭教育的功能，家校共同教育引导大学生孝德。[3] 王永明（2011）认为，大学生孝德教育的途径有：一是可以加强思想政治理论课处于主渠道的功能；二是加强第二课堂的重要功能，使孝德在社会实践中得以实现；三是开展网上的孝德教育，积极主动抢占网络大学生孝德教育的新阵地。[4] 周重浪（2012）提出，从树立正确观念、注重以身作则等家庭孝德教育，重视孝德教育开展、丰富孝德教育的内容和途径等学校孝德教育以及加强法治建设，注重媒体监督和舆论导向等社会孝德教育三个方面加强大学生孝德教育。[5] 吴凡（2012）提及可以加强思想政治教育的作用、发挥家庭教育的影响以及多样化的社会培育形式。[6] 刘金如等（2013）认为，大学生孝德教育的途径有：提高孝德认知水平要通过课堂教学，培养孝德情感和意志要通过校园文化建设，养成孝德行为利用社会实践活动。[7] 刘霞（2015）提出重构当代中国孝德的路径，法律层面注重为孝立法应该坚持“道德底线”原则和完善孝德法律法规，道德层面注重孝德教育和开展孝德实践，其他层面则包括要改革养老服务模式以及设施建设，强化舆论

[1] 蒋长富：《大学生孝德培育研究》，中南大学硕士学位论文，2009 年。

[2] 赵军华、白精卫：《传统孝德及其对当代大学生孝德教育的借鉴》，《思想教育研究》2009 年第 3 期。

[3] 王婷婷、陈冬林：《当代大学生孝德教育的有效途径探析》，《学理论》2010 年第 25 期。

[4] 王永明：《高校孝德教育途径勘探》，《山西农业大学学报（社会科学版）》2011 年第 2 期。

[5] 周重浪：《当代大学生孝德现状及教育对策研究》，中南大学硕士学位论文，2012 年。

[6] 吴凡：《当代大学生孝德培育研究》，天津师范大学硕士学位论文，2012 年。

[7] 刘金如、任丹妮：《论大学生孝德教育的主要途径》，《湖南科技学院学报》2013 年第 3 期。

宣传。[1] 包那日苏（2015）认为培养大学生孝德的对策要从注重家庭孝德养成和实践、加强校内孝德教育的熏陶、开展孝德理论与实践相结合的教育活动、充分发挥法律的促进作用与宣传倡导作用以及提高自我修养等方面入手。[2] 周卫（2015）提出以孝德教育为核心的实践探索，一是整合学校优势资源，营造浓厚孝德文化氛围。二是推进孝德教育进课堂，帮助大学生知孝德明孝德。三是发挥模范的引领作用，培育身边的感动典型。[3] 张晓普等（2015）则从四个方面提出加强青年大学生孝德培育的对策，一是学生要提高认识水平，自觉践行孝道。二是家庭教育要转变观念，强化言传身教。三是高校要注重培育方式，发挥校园优势。四是社会应优化教育环境，营造尚孝氛围。[4] 骆风等指出，社会、家庭和学校应共同改进对年轻一代的孝德教育，包括改进整个社会的家庭美德建设、唤醒家长的家庭道德教育觉悟、促进“学校－家庭”的教育合作。[5] 夏艳霞（2015）从德育视野下提出大学生孝道教育的实践应用途径：从敬亲之情出发，开展博爱教育；从事亲之情出发，开展感恩教育；从承志之情出发，开展责任教育；从孝悌之情出发，开展扬善教育。[6] 蔡晶晶（2015）认为，新时期有效开展孝道教育应从社会、学校、家庭的角度优化大学生孝道教育的环境，从理论联系实践的角度优化孝道教育的内容，加强大学生自我修养。[7] 贺才乐等（2017）提出大学生新孝德教育的策略：首先，确立大学生新孝德教育的科学原则；其次，整合大学生新孝德教育的环境资源；再次，创

[1] 刘霞：《当代中国孝德危机与重构研究》，山西大学硕士学位论文，2015 年。

[2] 包那日苏：《当代大学生孝德现状及培养对策研究——以呼和浩特高校为例》，内蒙古农业大学硕士学位论文，2015 年。

[3] 周卫：《大学生孝德教育探索——以湖北工程学院为例》，《高校辅导员学刊》2015 年第 3 期。

[4] 张晓普、刘宇虹、熊筱晶：《传统文化视域下大学生孝德培育研究》，《教育评论》2015 年第 9 期。

[5] 骆风、鲁迎春：《走在“孝道”的十字路口——当代青少年的孝德表现及其培养措施》，《青年探索》2016 年第 6 期。

[6] 夏艳霞：《德育视野下的大学生孝道教育研究》，《中国教育学刊》2015 年第 S1 期。

[7] 蔡晶晶：《新时期大学生“孝道”教育现状及对策》，《教育与职业》2015 年第 35 期。

新大学生新孝德教育的载体形式。[1] 龙静云等（2018）认为加强大学生孝德教育可以从四个方面着手：一是坚持以社会主义核心价值观引领孝德教育；二是不断用中华优秀传统文化熏陶；三是积极利用新媒体占领宣传高地；四是始终倡导大学生自觉践行孝德。[2]

通过文献梳理发现，虽然现有有关大学生孝德的研究成果并不多见，但在不多的研究成果中，学者们对大学生孝德教育的意义、存在问题、内容和途径等进行了细致研究。还存在着一些不足之处：一是有关当代大学生孝德现状及原因分析还不够深入，内外因需要全部考虑。二是有关当代大学生孝德教育的对策不够系统，有待进一步深入研究，特别是从大学生自身方面的途径探索得较少。

（二）国外研究综述

由于历史文化背景、家庭伦理规范和价值观念等方面存在着明显差异，中西方国家的孝德规范与理解也有着明显不同。探讨西方孝文化，就不得不提《圣经》，西方社会很多道德规范就是源于这本经书。《圣经》第五条就要求基督徒要孝敬父母。西方对孝的文献描述，只鲜见于《圣经》之中。但是，父亲节、母亲节、感恩节都是来源于西方国家。在西方国家，由于历史文化以及社会发展历史不同，比较注重社会养老，有比较完善的老年人社会福利，老年人大多会在养老院中度过晚年。在西方，孝文化主要体现在宗教文化中，没有硬性要求子女一定要尽到赡养义务，只要子女常常回家看望父母就已经很满足了，不需要物质上的帮助。西方孝文化主要体现在对父母的尊敬，但不是对父母的服从，更多地强调家庭成员之间的平等相处和独立自主。西方国家对孝德研究的文献并不多，基本上是以社会的整体高度为出发点，研究社会与家庭、父母与子女之间的伦理关系，这常常被视为孝的表达方式。美国学者劳拉·斯马特在其著作《家庭——人伦之爱》中，从家庭社会学的角度探究了美国的家庭亲子关系问题。[3] 西方学者对于中国的孝德方面的研究，主要是关注中国文化特性与

[1] 贺才乐、张涵：《大学生新孝德教育探讨》，《创新与创业教育》2017 年第 2 期。

[2] 龙静云：《加强当代大学生孝德教育的探索》，《学校党建与思想教育》2018 年第 4 期。

[3] ［美］劳拉·斯马特：《家庭——人伦之爱》，黄渊等，译，延边大学出版社 1988 年版。

历史影响。研究中国《孝经》的价值，从宗教学、伦理学和人类学的角度对孝德加以研究，突出孝德发展对中国的重要性。正如徐复观先生所言："孝道要算中华民族最独特的文化现象之一。"[1] 国外学者对孝在中国文化与道德发展中占有的特殊地位进行了一些研究。德国哲学家黑格尔在其著作《历史哲学》中指出："中国纯粹建筑在这一种道德结合上，国家的特性便是客观的'家庭孝敬'，中国人把自己看作是属于他们的家庭的，而同时又是国家的儿女。"[2] 黑格尔认为，孝是中国道德的基础，是中国的国家特性。这一观点，在宏观层面将孝的表现特征与国家特性结合起来，突出了孝德在中国的独特地位。美国学者罗思文、安乐哲主要围绕《孝经》的历史、哲学和宗教方面对中国孝文化展开研究，指明孝道是中国人发展其他德行的必要条件。[3] 美国学者阿瑟·史密斯的著作《中国人的性格》中，以中国古代的孝德理论为基础，对其进行宗教学和人类学角度的注解和阐释。[4] 上述研究从不同层面、不同角度阐明了孝德对于中华民族的重要意义，对中国历史发展进程的特殊作用。部分国外学者在研究中国传统孝德思想时，将其与政治治理联系在一起。法国思想家孟德斯鸠在谈论早期中国一般精神与法律时指出，中国古代立法者通过激励人们孝敬父母，要求人们尊重其他可以视同父亲的人物，同时也要求被尊重者以爱进行回报。[5] 这一观点体现了忠孝之间的相互转化，以《孝经》中君臣百姓的孝道相呼应，反映了中国古代孝德的政治功能。国际著名汉学家安乐哲在其研究论文《携重而行：儒家文化的代际传承》中，对孝的文化价值进行了重点研究，突出了孝文化之于人类发展的重要意义。

孝德在古代中国已经传到海外，尤其是对有儒学传统的亚洲国家产生了重大影响。与我国临近的国家日本、韩国、新加坡等，受到中国儒家传统文化的影响很大，对孝德也比较重视。这些国家不少学者长期研究和传

---

[1] 徐复观：《中国人性史论》，台湾商务印书馆 1999 年版。

[2] [德] 黑格尔：《历史哲学》，王造时，译，上海书店出版社 2001 年版，第 232 页。

[3] [美] 罗思文、安乐哲：《生民之本：〈孝经〉的哲学诠释及英译》，何金俐，译，北京大学出版社 2010 年版。

[4] [美] 阿瑟·史密斯：《中国人的性格》，李明良，译，人民日报出版社 2010 年版。

[5] [法] 孟德斯鸠：《论法的精神》，张雁深，译，商务印书馆 1961 年版。

播孝德思想。从美国文化人类学家鲁斯·本尼迪克特编著的《菊与刀》可以看出，日本对待中国传统孝德的态度是在学习借鉴的基础上融入自己的民族特色，并将其渗透于国民生活的各个方面，要求以中国传统孝德规范行为，并将其用于调节人际关系之中。日本文化深受中国儒家文化影响，日本民族强调感恩戴德，认为报恩是接受者应尽的“义务”。譬如有来自天皇、双亲、教师的“皇恩”“亲恩”“师恩”，也强调要回报与人交往过程中受到的各种恩惠。这与中华民族传统文化中强调的感恩、报恩相同。日本孝德教育的内容主要包括爱国主义教育、人生观教育、感恩教育、忠诚教育、国际化教育等方面。[1] 日本人对孝德的深刻理解和实践，坚持“以我为主，为我所用”的原则值得我们学习和借鉴。也有学者研究了日本家训方面的内容，以日本的家训为切入点，介绍中国传统孝德观念在日本的传承与演变。[2] 日本学者加地伸行认为，孝在儒学中居于核心地位，并从祖先祭祀视角研究传统孝德文化的实质。日本著名教育家中江藤树将孝思想贯穿于思想理论的始终，把孝德置于崇高的地位，也把孝德理念上升到了哲学范畴。[3]

韩国是受儒家学说影响最深的亚洲国家，非常重视孝德。韩国九成以上的国民认为，行孝是家和万事兴的基础，也是做人的美德。只有在家庭中尽孝，在工作上才能敬业，对国家才能尽忠。韩国政府特别重视推行孝道，通过国家立法和民间宣传相结合的方式大力推行孝德，提高全体国民的道德素质。例如，设立相关法律法规来保障孝德的施行，减少那些积极赡养父母的人的税收，以示鼓励。还有许多民间团体和社会人员自发组织宣传孝德的活动，学校通过开设相关课程使学生切身感受到孝德的重要性。

新加坡是以华人为主体的国家，非常尊崇儒家价值观。新加坡以儒家孝道为文化基因和价值观，渗透到社会发展的方方面面。新加坡领导人十

---

[1] 贺才乐、张凯：《日本孝德教育内容及其对中国的启示》，《广西教育学院学报》2018 年第 5 期。

[2] 施晖、栾竹民：《儒家“孝”的观念在日本的传承与嬗变——以日本的家训为切入点》，《国外社会科学》2010 年第 5 期。

[3] 关松林：《论中江滕树的教育思想》，《日本学刊》1994 年第 1 期。

分重视弘扬传承孝德，从国家意识形态层面做出了重要部署。1991年新加坡政府颁布了《共同价值观白皮书》，体现孝道文化的基本逻辑，赋予家庭、社会、国家三重和谐的新的使命。新加坡尊老、爱老的孝文化，充分体现到政府治国理政的各个方面。新加坡将孝德教育作为重要教育内容，取得了显著成效，值得探索与借鉴。学者杨红梅认为，新加坡在弘扬孝文化和构建共同价值观的实践中，逐步建立起由执政党和政府领导、全民动员，通过传媒、社区组织、传统节日、家庭、学校、法治建设和政策引导等多种途径推进的孝道德化机制。[1]这归功于新加坡政府的高度重视和执政党的全面干预。新加坡前总理李光耀曾指出，要不惜代价维护家庭的稳定和代际的和谐，避免三代同堂的家庭出现分裂，足见其对孝德的重视和浓厚的家庭观念。新加坡建立孝德教育机制，将孝老爱亲的观念融入立法，由政府保驾护航。新加坡政府倡导共同价值观，获得全体国民的认可，成为新加坡多元社会的精神黏合剂，为新加坡的持续稳定发展奠定牢固思想基础。这些经验对于我国弘扬传承中华优秀传统孝德，培育和践行社会主义核心价值观都具有借鉴价值。

由于时代的发展，虽然不同国家对孝德的理解和实施方法各不相同，孝德的内涵在日本、韩国和新加坡等国家有所变化，但其合理和积极的部分仍值得我们学习和借鉴。这些国家关于尊老敬老养老方面的孝德内容被很好地继承下来，赋予了孝德新时代的特点：关于赡养父母与孝敬父母的思想还比较强烈；子女绝对屈从父母的思想有所淡化，子女的地位也得以提高；男女平等的思想也不断加强；家庭的重心不再是以往的以父子关系为主，而是变成了为以夫妻关系为主；祭祀敬祖的观念得以继续保留等。孝德在新加坡、韩国和日本的社会伦理规范中占有重要的地位。这些研究可以为我们探讨当代大学生孝德教育提供有益的借鉴。

（三）研究评述与趋势展望

通过对上述国内外孝德教育研究现状的梳理与分析发现，国内外学者从哲学、教育学、社会学、文化学等不同学科视野，运用哲学思辨、实证调查、经验总结等多元研究方法，并结合不同的时代主题或关注内容对

[1] 杨红梅：《新加坡孝道的德化机制及启示》，《当代教育科学》2017年第3期。

大学生孝德问题有了较为深入的研究，并且出现了代表性学者和高质量成果。一方面，大学生孝德教育问题研究表现出较为明显的研究学理化、方法实证化、主题时代化的趋势。另一方面，纵观现有文献，目前孝德问题研究，尤其是大学生孝德教育问题研究存在一些突出的问题，研究的深度和广度还不够，研究空间很大，具有很强的学术价值和现实意义。基于目前的相关研究成果，今后的研究需要从以下几个方面加强。

一是研究视野需要进一步拓展。现有研究主要集中于传统孝德的内涵、特点，对当代孝德概念的研究还不够丰富，古今孝德概念的对比性还不够。从实证角度研究当代大学生孝德现状的成果还相对较少，缺少充分的实证资料，说服力不够强。对于大学生孝德现状及影响因素的分析还不够深入透彻，内外因素需要综合考虑。大学生孝德问题是社会比较关注的重要问题，需要拓宽大学生孝德教育问题的研究视域，丰富大学生孝德教育问题的研究成果。

二是研究内容需要进一步丰富。现有研究多是在单一视角下进行，当代大学生孝德教育的研究比较零散。从传统文化视角对大学生孝德教育的内容、方法和途径等的研究深度还不够，缺乏系统性和完整性，对大学生孝德教育从宏观到微观的系统性、融合性和整体性的研究也比较欠缺。一些研究成果有空疏之感，缺乏针对性和现实操作性。需要丰富大学生孝德教育问题的研究内容，总结其教育方法，为当代大学生孝德教育提供经验借鉴。

三是研究基础和方法需要进一步完善。现有成果对大学生孝德教育问题研究不够充分，需要吸收借鉴多学科理论知识，夯实研究基础。现有研究主要采取文献研究、调查研究等方法，重定性的理论研究比较多，较广泛的实证调查研究比较少，需要加强大学生孝德教育的理论基础和实践研究。不断完善研究方法，综合运用文献归纳法、比较研究法、实证研究法等，探究当代大学生孝德的现状和影响因素，提出大学生孝德教育的理论构想和现实路径。

本书正是在掌握已有相关文献、把握研究发展趋势的基础上，确定以“当代大学生孝德教育”作为研究的核心主题，聚焦于在校大学生这一特定群体，构建实证研究的理论框架，运用定量定性相结合的研究方法，了解大学生的孝德认知、情感和行为等整体状况和影响因素，探究当代大学生孝德教育的现实路径。

三、研究方法与研究目标

（一）主要研究方法

鉴于本书研究问题和研究设想，掌握正确的研究方法十分重要。单一的研究方法对问题无法进行全面、深入地把握，因此，必须以唯物史观为指导，综合运用多种研究方法，从理论和实践层面深入研究当代大学生孝德教育问题。本书在现有成果的基础上主要运用以下三种方法：

1. 文献研究法

中华传统孝德文化历经几千年的时代发展和历史演变，内容非常丰富。为了对我国孝德教育有一个较为全面、翔实、深入的认识和把握，本研究充分利用现有的资源，通过互联网、图书馆等多种途径搜集有关文献资料，积极利用丰富的网络资源，获取相关研究文献。按照文献分类，对涉及当代大学生孝德教育的已有研究成果进行搜集和整理。在全面掌握、重点参考的基础上，了解了当前孝德、大学生孝德教育等论题的研究进展，厘清孝德、孝德教育的相关概念，把握大学生孝德教育的研究动态和发展趋势，力求以一种客观的视角对其进行梳理，找到新的研究点和脉络，形成本研究的理论框架和研究内容，并对当代大学生孝德教育的现状以及解决对策形成了基本的研究设想。

2. 实证研究法

实践出真知，只有通过实证调研，才能掌握真实的研究资料，这是研究的重要方式。实证调查是一种直接、系统地从一个总体样本中收集量化资料，并通过对资料的统计分析来认识社会现象及其规律的研究方法。当代大学生孝德教育问题研究既是深层次的理论问题，也是与社会现实关切紧密的实践问题。本研究在文献梳理、理论分析的基础上，结合研究的预设和研究内容选择，为了深入探究大学生群体孝德现状，设计了《当代大学生孝德现状调查问卷》。该问卷内容包括大学生的孝德认知、孝德情感、孝德行为和孝德教育等多个方面，以目的抽样和整群抽样相结合的方式发放调查问卷。本研究主要从广西全部高校中选择比较有代表性的高校，抽取相当比例的全日制本科在读大学生进行调查。通过对回收的问卷进行筛选和统计分析，并结合访谈以及典型案例，了解当代大学生孝德的现实状况，分析大学生孝德存在的问题，为开展下一步的理论研究奠定扎实的基础。

3. 辩证分析法

辩证分析法是指运用唯物辩证法的基本原理进行研究的方法。辩证分析法是马克思主义哲学的重要方法。辩证分析要求用全面的、联系的、发展的观点来分析问题。孝德观念是跨越国界、民族、历史时空的概念，不同的民族和不同的时代有着不一样的孝德观，随着时代的变迁而不断变化发展。前人已经对孝德问题进行了长期、艰苦的探索，也取得了较多的成果。开展研究不能苛求前人，也不能一味沿袭前说，要有辩证的科学观点和方法，坚持对传统孝德的辩证思考才能在大学生孝德研究领域有所创新，使研究成果更具科学性和价值性。同时，要研究不同历史时期和不同文化地域孝德教育的历史发展、差异性和经验方法等问题，必须借助辩证分析方法，才能探寻当代大学生孝德教育的现状及发展趋势。

（二）主要研究目标

1. 厘清大学生孝德教育的基础理论问题。从理论上阐述孝德、大学生孝德教育的基本概念、当代孝德的概念界定和基本特点，阐释当代大学生孝德教育的重要性、必要性，梳理当代大学生孝德的基本理论和相关教育理论借鉴等问题。

2. 探究当代大学生孝德的现状及影响因素。审视当代大学生孝德教育面临的严峻挑战，通过实证调研大学生的孝德认知、孝德情感、孝德行为和孝德教育等方面的情况，从传统文化视角分析当代大学生孝德及其教育的现状，并探究学校、家庭、社会、大学生自身等方面的影响因素。

3. 提出当代大学生孝德教育的基本理论和实现路径。结合实证研究以及以往教育的经验启示，提出当代大学生孝德教育的具体目标、主要内容、基本特点、重要原则、重要方法等基本理论，探索高校教育环境、家风家教环境、社会环境氛围、大学生自身修养等现实路径，引导当代大学生树立正确孝德观，形成崇德向善的良好道德品质。

四、研究思路与基本框架

（一）主要研究思路

本书从文献梳理与理论建构出发，在总结前期研究成果的基础上，遵循"提出问题—分析问题—解决问题"的研究思路，以当代大学生孝德教育为核心主题，系统探寻当代大学生孝德教育何以如此重要、何以需要教育、如何有效教育的问题。本书以"当代大学生孝德教育"这一核心概念为逻辑起点，以马克思主义教育理论为指导，以当代大学生孝德教育为主线，对当代大学生孝德教育的时代诉求、当代大学生孝德教育的基本理论、当代大学生孝德教育存在的主要问题及其影响因素、当代大学生孝德教育的现实路径等核心问题进行多视角、多层面的研究，揭示当代大学生孝德教育发展变化，为有效开展大学生孝德教育提供指导。

（二）基本研究框架

第一部分：导论。系统介绍研究的缘起、国内外研究综述、研究方法与研究目标、研究思路与基本框架、研究重难点及创新之处等内容。

第二部分：正文，共分为四章。第一章：当代大学生孝德教育概述。通过对孝德、大学生孝德教育概念的科学界定，对传统孝德的内容、两面性以及现代孝德的内容与特点的分析，对大学生孝德教育的理论基础、思想渊源及知识借鉴进行阐述，指出当代大学生孝德教育的时代诉求及其重要性，为研究当代大学生孝德教育问题提供理论依据和分析框架。第二章：当代大学生孝德教育的基本理论。系统提出当代大学生孝德教育的具体目标、主要内容、基本特点、重要原则、主要方法等基本理论，为解决当代大学生孝德教育问题提供理论支持，夯实当代大学生孝德教育的理论基础。第三章：当代大学生孝德教育的现实审视。通过实证研究法，探究当代大学生的孝德认知、孝德情感、孝德行为和孝德教育的状况，从社会因素、教育因素、家庭因素和个体因素分析大学生孝德问题的影响因素。第四章：当代大学生孝德教育的现实路径。提出当代大学生孝德教育要注重高校孝德教育、家庭孝德环境、社会孝德氛围与大学生自身孝德修养等方面的路径。

第三部分：结论，对全书进行规整，点出主要论点和创新成果，阐明不足以及今后需要继续研究与完善的领域。

五、研究重难点及创新之处

（一）研究的重难点

大学生孝德教育问题是一个比较系统且复杂的问题，全面准确把握大学生孝德教育研究的重点与难点问题，是顺利开展研究的关键。

1. 研究重点

本研究紧密结合时代特点和现实需要，立足当前社会关切的问题。一是科学有效地进行实证调研，从孝德认知、孝德情感和孝德行为等方面探究当代大学生孝德存在的问题，从社会因素、教育因素、家庭因素和个体因素分析大学生孝德问题的成因。二是根据大学生孝德存在的问题，提出解决当代大学生孝德教育的有效路径，应从提高实效：发挥高校孝德教育引导作用；注重熏陶：营造良好的家庭孝德环境；优化环境：创设崇尚孝德的社会氛围；凸显主体：注重加强自身孝德修养等方面着手。三是从当代大学生群体出发，增强大学生的孝德意识和孝德行为，带动社会孝亲爱亲、尊老敬老观念的增强，引领社会群体孝德观念的提升，继承和发扬中华优秀传统文化。

2. 研究难点

在研究过程中比较难的问题是：一是如何能做到科学有效地进行实证调查，从孝德认知、孝德情感和孝德行为等方面探究当代大学生孝德存在的问题，从社会因素、教育因素、家庭因素和个体因素分析大学生孝德问题的影响因素。二是当代大学生孝德教育的具体目标、主要内容、基本特点、重要原则、主要方法以及从高校孝德教育、家庭孝德环境、社会孝德氛围与大学生自身孝德修养等方面着手提出有效的办法。三是利用和汲取传统孝德的有益部分，使其成为开展当代大学生孝德教育的资源。

（二）研究的创新之处

本书以较为科学规范的问卷调查为基础，实证研究方法是本研究的特色。在梳理基础理论与相关研究成果的基础上，构建了当代大学生孝德教育的理论框架与分析依据。关于理论的梳理与构建贯穿实证调查的设计、数据结果的分析和孝德教育现实路径之中。整体而言，关于当代大学生孝德教育的相关研究仍存在一定的空间，仍有必要不断拓展研究视角、研究方法和研究内容。

1. 研究视角的创新

目前高校开展德育工作时，还没有充分挖掘中华优秀传统孝德的时代价值，对当代大学生孝德教育的研究和探索也比较少，研究程度比较低，存在很强的局限性。本研究从传统文化与当代大学生孝德教育切入，将中华优秀传统孝德与当代大学生道德教育相结合，充分挖掘中华优秀传统孝德资源，思考传统孝德对当代大学生孝德教育的价值，进一步丰富和发展高校德育的内容与理论，开阔高校德育研究的领域，也拓宽思想政治教育的学科视野，具有开拓性和创新性。本研究突出当代大学生孝德教育的时代特色，结合了当代大学生孝德教育的理论和实践发展需要。当代大学生孝德教育问题是高校立德树人工作的重要部分，已经成为研究关注的热点和社会关注的重点。本研究将理论与实践相结合，运用多学科理论知识，进一步拓宽孝德教育研究视角。

2. 研究方法的创新

从当前国内研究状况来看，学界对于此类现实指导意义较强的研究题目成果较为丰富，但大多囿于理论研究，调研大学生孝德状况的研究还比较少。本书运用实证研究法，结合访谈和社会典型案例，全面分析当前大学生孝德的现实状况，探究高校孝德教育的情况和成效，把握当代大学生孝德及其教育存在的问题和影响因素，为解决当代大学生孝德教育问题提供现实基础。运用辩证分析法、比较研究法，对以往孝德教育进行历史梳理和比较研究，为当代大学生孝德教育提供经验方法借鉴。研究坚持以历史唯物主义为根本出发点，以马克思主义为理论基础，批判性地借鉴社会学、文化学、政治学、教育学等相关学科的理论资源。聚焦于当代大学生孝德的现状及教育问题，探索提出解决当代大学生孝德教育的有效路径，提高当代大学生思想政治教育工作实效性。

3. 研究内容的创新

从目前的研究现状来看，孝德研究已经得到不少学者的高度重视，对于孝德的起源、演变、历史进程等的研究已经取得了一定的成果，这为研究提供了理论基础，但是对于某些概念的认识还没有达到完全统一。对于孝德的当代价值的研究涉及的具体领域的实际效果还不是很明显，需要进一步加强研究。尤其是从实证角度对当代大学生孝德状况的研究相对较少，研究实证资料欠充分，缺乏一定的说服力，且研究成果、方法、手段和视角等趋向雷同。当前大学生孝德的研究比较薄弱，关注大学生孝德教育的研究成果还不够多。现有研究还比较缺乏系统性和整体性，实证研究成果也比较少。当前大学生孝德的现状及影响因素还需要深入探讨，当代大学生孝德教育的对策需要进一步研究。本书以大学生孝德的现状及教育问题为研究对象，明确大学生孝德教育的理论基础和思想借鉴，探究当代大学生孝德教育问题和主要影响因素，提出大学生孝德教育的具体目标、主要内容、基本特点、重要原则、主要方法和现实路径，致力于构建当代大学生孝德教育的有效体系。

第一章　当代大学生孝德教育概述

孝德是中华民族几千年传承下来的优秀传统文化，是中华优秀传统道德的根本，是我国传统道德规范的基础，也是中国人最基本的道德品质。孝德反映着为人处事的根本要求和基本规范，是大学生思想道德的重要内容，也是评价大学生道德水平的重要标准，更是大学生良好道德品质的重要资源。党的十九大报告指出："青年兴则国家兴，青年强则国家强。青年一代有理想、有本领、有担当，国家就有前途，民族就有希望。中国梦是历史的、现实的，也是未来的；是我们这一代的，更是青年一代的。"[1]当代大学生是实现中华民族伟大复兴中国梦的中坚力量，也是社会进步的重要推动力量，肩负着重大的社会责任和时代使命。大学生作为社会的重要群体，具有很强的传播力与影响力。大学生的价值观念反映着社会的价值观念，道德水平的高低也影响着社会的整体素质。当代大学生需要提高孝德意识和孝德能力，成为中华优秀传统孝德的传承者、传播者和践行者，推动社会主义核心价值观的培育和践行。

[1] 习近平：《决胜全面建成小康社会　夺取新时代中国特色社会主义伟大胜利——在中国共产党第十九次全国代表大会上的报告》，人民出版社 2017 年版，第 70 页。

第一节　大学生孝德教育的基本概念

孝德作为中华民族最古老的道德观念之一，是中国人几千年来伦理道德和社会规范的集中体现，也是中国人家庭道德规范的核心和整个社会道德体系的基础。面对传统孝德，我们需要分清楚传统孝德的精华和糟粕，坚持正确的态度，做到“取其精华，去其糟粕”。罗国杰先生指出：“毋庸讳言，中国传统道德具有鲜明的矛盾性和两重性。它既有民主性的精华，又有封建性的糟粕；既有积极、进步、革新的一面，又有消极、保守、落后的一面。对于中国传统道德，我们既不能全盘否定，也不能全盘继承。正确的态度是以历史唯物主义为指导，坚持批判继承、弃糟取精，综合创新和古为今用的方针。”[1] 对待中国传统孝德，我们必须坚持实事求是的科学态度和正确方法。

一、传统孝德的基本内涵

孝德成为社会观念不是偶然的，有着社会发展的必然性。马克思、恩格斯指出：“意识在任何时候都只能是被意识到了的存在，而人们的存在就是他们的现实生活过程。”[2] 历朝历代，我国都特别注重孝德文化和孝德观念。《孝经》作为儒家“十三经”之一，对孝德道理和行孝的方法都做了系统化阐述和开创性推广，对中国传统文化产生了重要影响。《孝经》记载：“先王有至德要道，以顺天下，民用和睦，上下无怨。”这说的是古代的圣王有崇高的品德，用以治理天下，天下的百姓都能够和睦相处，没有仇怨。孝德是人出自天性的情感，合乎人的常理，能够引起民众的认同

[1] 罗国杰：《中国传统道德简编本》，中国人民大学出版社 1995 年版，第 4 页。

[2]《马克思恩格斯文集》（第 1 卷），人民出版社 2009 年版，第 525 页。

和响应。孝是一切德行的根本，是一切教育的出发点。中国人提倡尊亲孝亲、敬老爱老的优良传统。

（一）传统孝德的含义

关于孝的内涵，我国古代的经典文献中有着丰富的记载。“商代卜辞中，有孝字上面是‘爻’。即交下面从子，大意是男女交媾而生子，这大概是现存文字中最古老的一种‘孝’观念或含义，字义表达的是子女对具有生育之恩的父母的一种反哺报恩的意识。”[1] 我国第一部词典《尔雅·释训》指出：“善事父母为孝。”[2]《中庸》强调：“夫孝者，善继人之志，善述人之事者也。”[3] 汉朝许慎《说文解字》云：“孝，善事父母者。从老者，从子。子承老也。”甲骨文的“孝”字的造型是一个长发老人，而周代金文的“孝”字是一子扶持着一个驼背的老人。两种造型的“孝”字，传递出来的都是年轻人对老年人的尊重与扶持。周代金文、典籍出现大量关于孝的记载，就是善事父母，即是子女对父母的善行和美德，是家庭中晚辈在处理与长辈的关系时应该具有的道德品质和必须遵守的行为规范。肖群忠认为，孝有两方面的含义：善事父母的基本规范，是孝的最基本的含义，是一种亲子或家庭道德；二是立身、事君、处事的泛化规范，是派生衍生义，被泛化为一种宗族道德、政治道德、社会道德等。[4] 孝在字典里解释为“孝敬”“孝顺”。孝敬是指对父母长辈的孝顺、孝敬，即尽心侍奉父母或尊长并顺从他们的意志。孝顺不但要奉养，更要尊敬。孝的基本含义是对父母的孝顺，是子女对父母的善行和美德。子女对父母的赡养是自然繁衍规律的基本要求，孝是人类最自然和最自觉的亲情回报，是天经地义的人伦道理。孝是家庭血缘关系中生成的最基本的父辈与子辈的亲情关系，是子女善待父母长辈的行为准则和道德规范。

人们对传统孝德内涵的看法和观点各不相同。总的来看，传统孝德最

---

[1] 肖波：《中国孝文化概论》，人民出版社 2012 年版，第 8 页。

[2] 李学勤：《尔雅学说》，北京大学出版社 1999 年版，第 96 页。

[3] 毛佩琦、徐昌强主编，徐枫，译解：《中庸全集》，煤炭工业出版社 2015 年版，第 161 页。

[4] 肖群忠：《孝与中国文化》，人民出版社 2001 年版，第 259 页。

初始的含义和最基本含义的认识是统一的。传统孝德是一个复合概念，内容丰富，涉及面广。贺才乐等认为，孝德从根本上来说与孝没有本质区别。孝被看作孝德的基本内容，孝德是孝的具体化。孝德更侧重于以孝为载体的德行规范，突出了在孝基点上的德的要求，更具有指向性。[1] 卢明霞指出，传统孝德的核心内涵是“善事父母”。从这一核心内涵出发，传统孝德包括：奉养父母（包括养体与养志）；敬爱父母；顺从父母；谏亲以理；继承志业；传宗接代；葬之以礼；尊祖敬宗；立身行道；忠君爱国。[2] 杨国枢等人将传统孝德的内容归纳为三点：经济奉养、精神赡养、广大宗门。[3] 通过对学者的研究进行归纳，可知传统孝德的内涵包括狭义和广义两方面。狭义的孝德是在家庭内，指从生活上、思想上关心父母，孝敬父母，赡养父母。广义的孝德，具有更加深层次、更加广泛的含义。以孝敬父母为核心，延伸为对长辈的孝顺，对君王的忠心。具体而言，传统孝德的含义主要包括几层：第一，敬神祭祖。原始社会，人们通过各种形式的祭祀活动表达对诸神的崇拜及对先祖的思念，这是传统孝的最初始含义。第二，敬亲养亲，也即是“尊敬父母、善事父母”。这是孝德的最基本、最核心的内涵，主要指中国传统家庭中子女对父母的敬爱之情以及对父母的赡养。一方面，子女要在物质方面尽其所能赡养父母，使父母能够衣食无忧，还要注重父母的精神世界，满足父母的精神需求，给予父母长辈精神上的慰藉和愉悦，不让父母有精神上的负担。第三，继承父志、光亲显亲。《孝经》中说“立身行道，扬名于后世，以显父母，孝之终也。”[4] 继承父亲的志向和为人处世之道，发扬祖辈父母的优良品德，使自己功成名就，名声能够流传后世，这样父母也会感到无比的荣耀，这被视为行孝。除此之外，孝德的含义还包括“传宗接代、谨言慎行、建功立业”等，这基于孝敬父母，延伸到孝敬长辈以及忠君爱国，其中核心的含义还是“敬养父母”。传统孝德不仅是规范、调整家庭内部人与人关系的行为准则，也是规范和调整家庭与国家、君主与臣民之间的关系的行为准

[1] 贺才乐、胡志群：《中国传统孝德及其现代转型探讨》，《理论与改革》2010 年第 5 期。

[2] 卢明霞：《中国孝德教育的历史与变革》，东北师范大学博士学位论文，2010 年。

[3] 杨国枢：《中国人的心理》，桂冠图书公司 1988 年版，第 342 页。

[4] 汪受宽，译注：《孝经译注》，上海古籍出版社 2016 年版，第 7 页。

则。在封建社会，传统孝德对于巩固封建阶级统治、维护社会稳定和维系家庭关系都起到重要作用，但也存在着扼杀人性和自由的消极影响。

（二）传统孝德的历史演变

根据查阅资料可知，中国传统孝德观念历史久远，关于敬老、养老的专门史料记载则可以追溯到三千多年前。原始社会父系氏族时期，在尧舜禹时代已经有祭祀祖宗的宗庙。原始社会人类生存环境恶劣，生产水平低下，人类生产生活经验靠的是先辈的传承。人类为了生存需要，还要祈求上天和祖宗的保佑。这一时期，人们产生了对先辈的敬仰、感激，这是一种自发的、朴素的孝观念。进入夏商周时期，创立了较为完备的国家制度，形成国家形式，孝观念基本形成。周代以孝道作为人的基本品德，当时社会的道德教化的核心内容为“三德”，即“孝德”“敏德”“至德”；“三行”即学孝行，以亲父母；学友行，以尊贤良；学顺行，以事师长。在周朝，每年举行一次大规模的“乡饮酒礼”活动，旨在敬老尊贤。礼法规定，70 岁以上的老人有食肉的资格，享受敬神一样的礼遇。这一时期，实行的是小农自然经济，以家庭为生产消费单位，产生了家长权威。在此基础上，产生了崇敬、侍奉家长的要求，并转化为一种道德义务，此时“孝”的意义便大体具备。[1] 孝观念起着维护宗族团结、协调社会人际关系的功能。西周以后，宗法分封制度不断完善，政治制度不断变革，家庭伦理道德内容不断丰富，孝观念具有了人文色彩，“追孝、思孝”的观念更进一步。在敬奉先祖、尊养父母的基础上，孝观念发展为敬亲、养亲、光亲、奉亲的思想，成为中国古代传统道德孝德的雏形。春秋战国时期“礼崩乐坏”，孔子认为必须树立父母家长的权威，才能达到稳定家庭，进而稳定社会的目的。孔子将“孝”作为道德的根本放在私学教学首位，写出了闻名后世的《孝经》，创建了独特的以“仁”为核心的儒家伦理道德体系。在春秋战国时期，70 以上的老人免一子赋役；80 岁以上的老人免两子赋役；90 岁以上老人，全家皆可免赋役。孝观念经过孔子、孟子等儒家代表人物的丰富和发展，开始形成孝的理论，至此成为影响中国几千年

[1] 周怀宇：《〈管子〉孝论：中国孝文化的理论起源》，《安徽大学学报（哲学社会科学版）》2013 年第 1 期。

的社会传统道德。孔子是孝德理论的集大成者。他充分吸取前人的成果，对孝德进行新的诠释，强调孝德是子女对父母感恩、敬爱的真挚情感。随着历史演变和社会发展，孝也从最初的尊祖敬宗、生儿育女、传宗接代的家庭伦理规范，扩展到社会和国家，成为约束人们的社会道德规范。到了汉朝，孝廉制度盛行，“孝”成为国家选拔人才的必备科目。上到统治者，下到黎民百姓，都非常注重孝道。统治者还做了表率，皇帝的称号多带有“孝”字，如汉孝武帝。在汉代出现了中国最早记载孝子孝义的史书《后汉书》。汉代以后，孝由道德范畴扩展到政治范畴，成为封建统治者巩固政治统治和维护社会稳定的政治工具。通过推出“以孝治天下”的治国策略和举孝选仕制度，将孝行与个人的前途命运相联系，使得孝观念与孝伦理发生了根本性转变。汉代及其后世所标榜的“以孝治天下”，更是为中华文明的演进打上了深深的烙印。[1] 随着历史的发展，魏晋南北朝时期，不断强化国人的孝心和孝行。到了隋唐时期，孝道引起更高的重视，不仅在统治阶层中普遍流行，也广泛传播到普通老百姓生活之中。隋唐后的刑律皆将不孝列入不予宽赦的“十大恶”之中。杀父母者历代皆凌迟处死。宋代，朱熹等大学士的理学，把孝道推到了“天理”的高度。明朝又恢复了“举孝廉”招揽人才的方式。养老方面，明代的一些举措也大大超过了前朝。明朝对老人有三种优待：“尊年高”“设里正”“优致仕”。明律中，凡不顺从父母致使父母生气的事皆视为忤逆，可告于官，要打板子直至判刑。到了清代，统治阶级继续推行孝文化，将古代孝德发展到了极致。特别是康乾盛世，更是乐于孝道。康熙帝六十大寿大设“千叟宴”，特邀全国七十岁以上的老人进京赴宴，可谓创下规模敬老之最。老人与皇帝平起平坐，皇子皇孙为老人斟酒倒茶。有学者指出，孝文化经过两汉经学、魏晋玄学、隋唐佛教、宋明理学等各种文化思潮的激荡和洗礼，逐渐融入了许多集权政治内容，并最终形成了以孝为教、移孝作忠、忠孝同构、忠孝互喻的传统孝文化格局。其中所包含的一些消极因素被无限发挥，从而最终使孝道演变成为扼杀个性的工具，其最典型的体现是某些理学家所

[1] 李银安：《创新弘扬孝文化与构建社会主义和谐社会》，《党政干部论坛》2006 年第 4 期。

谓‘君要臣死，臣不得不死；父要子亡，子不得不亡’的说教。”[1]20世纪初，以孙中山、章太炎为代表的资产阶级革命派，进一步提出“道德革命”“家庭革命”口号。孙中山提出了“忠、孝、仁、爱、信、义、和、平”的“新八德”，重新解释并赋予其民主主义的新内容。进入近代以来，经过五四运动、新文化运动的洗礼和“文革”时期的批判，传统孝观念虽然有所损失，但是并没有全部流失。“父慈子孝”“忠诚爱国”等思想精华，作为中华民族的核心价值观念得以保留和传承。中华人民共和国成立以后，也曾有过对中华传统孝德的误解和批判。改革开放以后，开始重视对孝德的重新解读和大力宣传，作为社会道德规范的孝德深入人心，依然成为人们推崇的道德品质。

（三）传统孝德的两面性

中华传统文化源远流长，博大精深。传统孝德是在中华民族五千年文明发展过程中形成的，并得以传承至今。在我国封建制度时期，传统道德往往与政治紧密联系，传统道德为封建政权提供了统治的合法性，也确立了行为的规范。作为我国传统道德的重要组成部分，传统孝德具有两面性，不仅有维护封建统治的不合理成分，也有适合现代社会发展所需要的合理内核。传统孝德被剔除不合理因素后，在推动社会稳定、调节人际关系、维护家庭亲情、传承优秀美德等方面具有重要意义。中共中央国务院印发的《新时代公民道德建设实施纲要》指出，坚持在继承传统中创新发展，自觉传承中华传统美德，继承我们党领导人民在长期实践中形成的优良传统和革命道德，适应新时代改革开放和社会主义市场经济发展要求，积极推动创造性转化、创新性发展，不断增强道德建设的时代性实效性。新时代背景下，我们对待传统孝德应以马克思主义为指导，以科学的态度进行实事求是的分析，对积极合理的精华部分必须继承，而对于消极落后、腐朽部分坚决抛弃。

传统孝德具有积极性的一面。无论什么时代，我们的文化发展都不能割裂历史传统。要在汲取传统文化的精华和继承创新中实现发展。传统孝德作为中华传统文化的重要组成部分，既有封建糟粕性的一面，又有积极

[1] 王翠：《孝文化的历史回眸与当代建构》，《孔子研究》2012年第6期。

合理的一面。所谓精华部分是指事物最精粹、最优秀的部分。这部分主要指的是人类基于自然血缘关系所产生的子女对父母的尊亲、养亲之情。敬亲养亲是传统孝德的精华，是构建和谐家庭的关键。善事父母是孝德的核心要义，不仅要在物质上满足父母、奉养父母，更要在精神上给予慰藉和关怀。传统孝德作为维系人类亲情关系的伦理规范，在任何时代都彰显人文关怀价值。在现代社会，当我们剔除传统孝德的糟粕成分后，其精华部分仍然有着积极的现实意义，值得我们继承与发扬。孝德作为我国传统道德的重要范畴之一，几千年来一直受到中国人推崇。传统孝德遗留着诸多封建思想内容，但是传统孝德的核心内容是合理的，敬亲养亲、尊重长辈的精华部分是值得发扬和传承的。传统孝德的社会普遍意义是由最初的家庭伦理规范延伸出来的。家庭是社会的最基本单位，孝德是维系家庭关系的基本准则，是维护家庭稳固的基础，进一步延伸到宗族、到社会，成为维护社会稳定的精神力量。孝德以对父母与家庭的责任感出发，促使其在调节人际关系、营造社会良好风气、维护社会稳定等方面发挥重要作用。当前社会老龄化比较严重，要解决社会老龄化所带来的一系列问题，弘扬传承传统孝德的合理内核，对于营造良好的社会风尚以及合理代际关系具有积极的意义。孝德是全部道德的源头。孝德有助于塑造个人良好道德修养，培养正确的道德品质。我们对待传统孝德，应树立科学的态度，去粗取精、去伪存真。弘扬适应现代社会发展需求、促进社会进步的合理部分，摒弃迂腐困顿、片面狭隘的糟粕部分。我们要肯定传统孝德的积极因素，吸收其有益的精华部分，弘扬和传承其积极内容，促进社会发展进步。

传统孝德也表现出消极性的一面。由于历史发展的问题，传统孝德有一定的局限性。传统孝德产生于封建时代，与封建统治相结合，并且不断被封建统治阶级利用。我们需要以辩证的视角看待传统孝德，对其进行科学剖析，既要看到其精华所在，更不能忽视其糟粕之处。传统孝德在历史发展的过程中不断发生泛化、强化，部分内容带着封建时代的色彩，属于封建糟粕。其一，传统孝德要求子女对于父母长辈要绝对地服从和顺从，不能有任何个人独立思想，包括对待自己的婚姻大事，也是听从父母安排。这就使得父母长辈在子女面前，具有绝对的权威，子女的个性自由被完全压制了。其二，传统孝德主张“忠孝合一，移孝作忠”思想，说的是忠孝是一体的，把孝顺父母之心转为效忠君主。孝德的道德力量成为封建统治阶级用来维护统治的工具。其三，传统孝德提倡“父为子隐，子为父隐”。父亲为儿子隐瞒罪行，儿子为父亲隐瞒罪过，体现的这种血缘关系的孝德，违背了现代社会的法治精神。其四，传统孝德宣扬“不孝有三，无后为大”。没有传宗接代的后代就是不孝顺，而且要求只有男性才能作为家族继承人，女性没有这种权利。这种宣扬重男轻女、歧视女性的思想，与现代社会提倡的男女平等的思想与实践是不相符的。其五，传统孝德主张“以孝治天下”。这就造成一个极端，古代社会有些人为了向父母尽孝而做出违反人性的行为，出现了道德异化的消极后果。传统孝德是封建统治阶级用来维护统治的重要手段，具有极端化、迂腐化、专制化特征，包含着封建时代的局限性。由于传统孝德的伦理政治性，在以父权为基础的权威主义背景下，父母对子女严苛的教导偏向于孝德行为的训练，即如何做好社会角色的扮演，忽略了子女对孝行背后深层意义的理解，导致子女对父母的情感敬畏甚于敬爱。当统治者将孝行与仕途升迁制度紧密联系起来，对孝德进行强势推行，往往导致人类最真实、最朴素的感情添加了功利主义色彩。人们行孝趋于形式化，甚至出现厚葬薄养等本末倒置的行为。传统孝德的落后腐朽内容应该被当代社会抛弃和剔除，以实事求是的科学态度对待，继承积极合理的优秀成分。

二、现代孝德的科学内涵

随着人类社会的不断发展，孝德的内容也随之发生了改变，顺应了现代社会，具有新时代的意义。传统文化是无法割裂的，道德建设同样无法割裂传统文化。传统的文化作为一种文化历史积淀和文化心理积淀，本身具有广泛的社会物质基础和深厚的民众心理基础。即使社会发展进步，人类也不可能完全放弃传统道德的一切东西，而重新建立一个新的道德体系。现代社会道德必须建立在继承与发展历史的传统基础之上。现代孝德不是凭空产生，也不可以随意捏造，而必须根植于中华传统孝德的沃土。传统孝德具有丰富的内涵，从传统孝德中吸取精华，顺应时代发展的需要，赋予其新的时代内涵，努力构建社会主义孝德，以此适应当今社会的发展和时代的需要。

（一）现代孝德的含义

现代孝德的含义，在《汉语大辞典》中被解释为“尊祖爱亲的品德”。孝德包括孝德观念、孝德规范和孝德行为。孝德是孝的具体化表现，而且孝德更偏重以孝为载体的品德规范。与传统孝德的含义相比较，现代孝德的含义就比较单一和具体。传统孝德的内涵不仅仅包括善事父母，还包括祭祀、继承父志、无违等方面。现代孝德主要以赡养、孝敬父母为核心，并且局限于养亲、孝亲的家庭伦理范围，指子女对父母长辈所具有的一种尊敬、爱戴和孝养，也是子女尽心尽力孝敬父母长辈、赡养父母长辈的一种崇高品德和德行。当代孝德是家庭美德的一部分，不应含有功利色彩，应该体现在子女对父母的情感、态度和行为上。有学者指出，当代孝德的内涵除了内在品德外，还表现在行为上。当代孝德不再提倡传宗接代、守孝三年等愚孝行为，更多的是体现在日常生活中子女关心父母、赡养父母、敬爱父母，让父母生活愉悦和幸福等。[1] 现代孝德的核心内容包括：孝敬父母、赡养父母以及感念亲恩。[2] 它源自人们对父母的一种报恩心理，体现着儿女敬爱父母的道德情感，儿女履行照顾赡养父母的责任和义务，将个人对父母的孝敬推及对他人的父母，从而营造更加博大友爱的和谐社会下的新孝德。[3] 还有学者提出，现代孝德是当今时代子女对父母的一种善行和美德，是家庭中晚辈在处理与长辈关系时应该具有的道德品质和必须遵守的行为规范。[4]

随着社会的发展和历史的变迁，孝德的内涵也在不断地变化，以适应时代需要，符合时代精神。当前我们倡导的社会主义孝德，是对传统孝德的扬弃，继承保留传统孝德的合理因素并进行升华，赋予孝德新的时代内涵。现代孝德从家庭范畴逐渐延伸到社会范畴，成为人们遵循的社会道德准则。孝德的时代内涵不仅是子女孝敬父母的家庭美德，也是尊亲敬老的

---

[1] 吴凡：《当代大学生孝德培育研究》，天津师范大学硕士学位论文，2012 年。

[2] 卢明霞：《中国孝德教育的历史与变革》，东北师范大学博士学位论文，2010 年。

[3] 王婷婷、陈冬林：《当代大学生孝德教育的有效途径探析》，《学理论》2010 年第 25 期。

[4] 常芳：《当代大学生孝观念现状及其道德践行研究》，中北大学硕士学位论文，2013 年。

社会公德，更是爱党爱国的深厚情怀。这种品德是与时代精神相结合的，是家庭美德的基础部分，有助于建立良好的家庭关系与和谐融洽的社会关系。学者骆风等把孝心孝行、互学共赢、家庭和谐作为现代孝德的三大评价指标。[1] 他们在充分吸收现有孝德研究成果的基础上，创新了孝德的评价指标，把孝德放到家庭代际伦理关系中思量。孝心是晚辈对父母长辈尽心奉养并顺从他们的意愿；孝行是孝德的行为表现，是传统家庭美德的基础；家庭和谐强调的是家庭所有成员的温情包容状态，是家庭幸福的根本标志和家庭伦理的最高境界。现代孝德的含义十分丰富，学者贺才乐等对新孝德做出界定，所谓新孝德，是指在中国目前和将来较长的一段时期内，以社会主义公有制为经济基础，以全人类人格平等为前提，以父慈子孝为核心，并延伸出社会成员对家庭尽孝、对社会尽责、对国家尽忠的新型道德规范。[2] 肖波等提出现代孝德的基本内涵主要包括：敬老尊老，胸怀仁爱；珍爱生命，立志成才；培养道德，学会感恩；担当责任，乐于奉献等。[3] 冯译冉等认为，孝德文化是一种“生命有机体”，它随着外在环境的变化而变化，往往具有时代发展的烙印，这就需要我们坚持运用马克思主义辩证发展的观点去理解孝德文化的内涵。胡志群等则从广义和狭义范畴理解孝德的内涵，物质层涉及的内容主要指对父母基本物质生活需求能够满足；精神层主要强调的是在情感层面对父母需要的满足，不与父母恶言相向，能够体谅父母的良苦用心与满心期待；行为层则要求子女能够做到身体力行，主动帮父母分担一些自己力所能及的细小事务。广义的孝德是狭义孝德的延伸，如果说狭义的孝德是中华传统孝文化的基本内核，那么广义的孝德是在此基础上引申出来的更宽范围的个体在一生的为人处世过程中所有合道德的善的举动。敬畏生命、尊师重道、忠于国家、乐善好施等等，都是个体具备孝德的良好体现。[4] 王淑红认为，当代孝德在批判继承传统孝德的基础上，其内涵不断地丰富与发展，并且注入了一些符合

[1] 骆风、陈秋梅、刘惠良：《家长心理健康、亲子关系及其对子女心理健康影响的调查研究》,《教育研究与实验》2011 年第 6 期。

[2] 贺才乐、张涵：《大学生新孝德教育探讨》,《创新与创业教育》2017 年第 2 期。

[3] 肖波、徐玉琮：《以孝文化创新大学生德育》，中国文史出版社 2015 年版，第 33 页。

[4] 贺才乐、胡志群：《中国传统孝德及其现代转型探讨》,《理论与改革》2010 年第 5 期。

时代发展要求的新元素，当代孝德以社会主义道德为标准，以人本主义为走向，以人格平等为前提，提倡对父母长辈尽心、对他人友善。当代孝德的内涵在践履方式上相较于传统孝德也有着很大的不同，更多的是提倡子女在日常生活中去赡养与敬重父母，让父母在点滴生活中体味到愉悦与幸福。[1]

综合学者的观点以及本人的理解，现代孝德主要表现为两层含义：第一层含义是物质方面的，包括满足父母的物质需求，照顾好父母的日常生活，保障其正常生活；第二层含义是发自内心的尊敬、孝敬和关心父母，使其精神上愉悦。赡养父母和善事父母是传统孝德的基本和核心含义。随着时代的发展，传统孝德的核心内容成为现代孝德的最重要内容，在现代社会得到弘扬和传承。最后，孝德还有狭义和广义之分，狭义的孝德是平时所提的“孝敬父母”这一家庭伦理范畴，指从生活上赡养父母、孝敬父母，思想上关心体谅父母，感念父母恩情。这是人类基于血缘关系、繁衍生息的要求，也是人类应该自觉主动回报的一种人伦亲情和道德行为。广义上的孝德，指社会化的孝德，不仅仅是单方面的孝敬父母，还应该有更加深层次、更加广泛的内容，包括对父母在内的所有长辈的孝德，还延伸到对他人、对社会的关爱之情，最后延伸到对国家的爱国情怀，这是孝德的最高层次。具体而言包括珍爱生命、建功立业，也就是人要珍惜父母给予的生命，努力实现人生价值。这既是传统孝德的重要内容，也是现代孝德的重要内容。还包括泛爱众，即是尊敬和爱护父母以外其他人的父母长辈，这是孝德含义在内容和范围上的一种延伸。传统孝德强调在敬爱自己父母的同时能敬爱他人的父母，现代孝德依然强调“老吾老以及人之老”，要求敬亲孝亲，还要敬老爱老，把对亲人的小爱拓展到对他人、对社会的大爱，把局限于家庭的孝德伦理拓展到社会道德伦理，推动整个社会形成孝亲爱亲、尊老敬老的良好社会氛围。现代孝德以情感为纽带，以感恩等现代公民意识为依托，建立在父母与子女双方人格及地位平等的基础上，是一种调节家庭关系的道德规范，也是子女承担赡养父母义务的道德保障。现代孝德还要求做到从家庭范畴逐渐延伸到社会范畴，成为人们遵循的社会道德准则。孝德的时代内涵不仅是子女孝敬父母的家庭美德，也是

[1] 王淑红：《当代大学生孝德培育研究》，西北师范大学硕士学位论文，2019 年。

孝亲敬老的社会公德，更是爱国爱民的深厚情怀。

（二）现代孝德的主要特点

孝德是一种动态性的道德实践行为，它的精神内涵因社会的变化而不断变化。现代孝德是亲爱高于敬畏，情感高于角色，更注重的是平等性、自律性和广泛性。现代社会倡导的孝德，是在剔除传统孝德的糟粕，继承传统孝德的精华，并有所超越的前提下，建立在父母与子女地位平等的基础上的子女对父母的道德义务。这是现代和谐家庭关系得以调节必不可少的伦理规范，也是子女承担善事父母的义务和父母得享幸福的伦理保障。现代孝德的范围主要集中体现在家庭内部、亲子之间的孝德态度与行为，是重要的家庭道德规范，具有协调融洽亲子关系、维护家庭和睦的作用与功能，彰显了平等性与主体性统一、自律性与他律性统一、广泛性与多样性统一等特点。

1. 彰显平等性与主体性的统一

经济社会的快速发展以及全球化趋势的日益显著，对我国社会与家庭结构的双重改变产生了重要的影响。西方社会民主、自由、平等以及个人本位等价值观念的不断渗透，使得人们无论是价值取向还是行为习惯上更趋于自主化，渴求获得自由与人格平等的尊重，实现亲子之间的平等关系。当今社会一切人际关系包括亲子的关系都要以人格及地位平等为基础，既要强调公平，也要注重平等。传统孝德强调子女对父母的绝对顺从，这是人格不平等的体现。现代社会在生活节奏加快、信息传播畅通、社会流动性极强的现实环境下，不同的价值观念和生活方式很容易造成代际之间的矛盾冲突。现代孝德倡导家庭成员代际之间的人格自由和平等。只有如此，才能更好地维持代际之间的和谐关系，为培养良好的孝德观念和孝德行为创造健康环境。传统孝德更关注孝的行为性与规范性，而忽视了内生的情感性，使传统孝德逐渐僵化、教条化，产生“愚孝”“伪孝”的现象。季羡林先生直言，孝本应是一种父慈子孝的对等关系，但后来父慈被逐渐淡化，只留下子孝，甚至变成了“天下无不是父母”的情况。《孝经·谏诤章》鲜明地反对“天下无不是父母”的愚孝理念，突出强调了谏诤的必要性。如果父母做了不好的事情，一定要及时劝阻，这才是孝敬父母的表现，避免陷入愚孝误区。《孝经》认为子女的行孝规范需合乎礼仪，从根本上强调对父母的敬爱。孝行礼制是内心孝敬之情外化为孝行的结果。若仅仅效仿礼俗，忽略内心情感，便只是追求形式上尽孝，失去了孝最真实的含义，往往容易变成“伪孝”。现代孝德应以情感为纽带，父母要尊重子女的人格和自由，子女对父母应是敬爱而不是畏惧，才能培养健康的亲子关系。当代社会个体的独立自主性增强，被动性的孝德要求已经无法被人接受，也难以产生预期效果。现代孝德提倡主体性、自主性，主动学习孝德，培养自身的孝德素养，这是保证孝德行为的基本要求。

2. 倡导自律性与他律性的统一

传统孝德具有机械性，盲目遵循外在的道德规定和义务。在行孝方式上，讲求对父母、长辈的绝对服从，子女的人格并无独立性和自由性。随着现代社会经济基础以及人们思想观念的变化，必须放弃传统权威方式以及依赖外在规范或权威约束子女的行为。现代社会倡导对父母行孝要从现实出发，由烦琐转为简化，由束缚转向自由，由呆板转为多样，不再追求烦琐的礼仪和不近人情的形式。现代孝德倡导培养子女对父母行孝，是真心的、自觉的，这是自律性的。现代孝德强调的是一种真挚的、本质的、真诚的感情和行为，不是表面的、形式化的。只有怀揣对父母长辈发自内心的感激、敬爱和爱戴之情，才能产生真正的孝德行为。赡养只有在心有所敬的前提下才能自觉地发生，没有敬的心情，就不可能有孝德的行动，否则就容易产生虚假的、短暂的、不真实的孝德行为，甚至会出现“能养”却“色难”的状况。父母养育子女是一种理所应当的义务，而子女赡养和尊重父母也应该成为自律行为。子女对父母不仅仅限于物质上的赡养，更需要物质与精神并举，甚至更偏重于精神赡养。基于此，现代孝德倡导行孝的自律性原则。在封建时代，制定法律约束人们遵守孝行，这是一种他律性的手段，为了实现维护封建政治统治的目的。现代法律对于子女对父母的赡养和照顾以及老年人的保护做出了比较具体的规定，依靠这种他律性的法律可以使践行孝德成为社会亮点，引导人们的孝德行为。现代孝德应体现出自律性与他律性的统一，使子女对父母行孝成为自觉行动。

3. 注重广泛性与多样性的统一

中华传统孝德无所不包，无所不至。正如孙中山先生曾经所言：“现在世界上最文明的国家，讲到孝字，还没有像中国讲得这么完全。”[1] 德国著名思想家马克斯·韦伯曾把中国儒家伦理与西方基督教做比较分析后说，中国人“所有人际关系都以‘孝’为原则。”[2] 显然，中国社会倡导的传统孝德，具有广泛意义。它既是亲子间伦理规范的一种体现，又渗入了有关宗教、哲学、政治以及民俗艺术等层面的文化底蕴。当然，现代孝德的内容依然具有广泛性，除了对父母、长辈的孝与爱，还推及他人、社会以及整个国家。孝德可以协调多方面关系，是一种规范家庭亲子关系的伦理道德。孝德于亲人之间，可以“安小家”，其更可贵之处在于推而广之成人群相处之道。家庭是社会的细胞，把家庭孝德的行为拓展到社会之中，不仅能够更好地树立孝德风尚，帮助人们履行孝德行为，还可以提高整个社会成员的思想道德素质，实现和谐社会的建设。“老吾老以及人之老，幼吾幼以及人之幼”，教育我们赡养孝敬父母长辈，还应该关心关爱他人和社会。虽然有些人与我们没有任何血缘关系，但是我们也应该尽可能地把对父母长辈的小爱延伸到对他人、社会的大爱，把对亲人的孝德伦理延伸到社会和国家，从而不断丰富传统孝德的内容，改变传统孝德教育的局限性。现代孝德还具有多样性。现在是信息网络发达的时代，人们对孝德的实践可以呈现多样化、多层次、多角度，通过电话、网络、写信等方式表达孝德。

三、大学生孝德教育的科学内涵

当代大学生处于中华民族伟大复兴战略全局和世界百年未有之大变局的时代境遇中，人生发展黄金期与民族复兴关键期叠合到了一起，肩负着重要的时代责任。当代大学生要增强中国人的志气、骨气、底气，努力成长为堪当民族复兴大任的时代新人。孝德教育是大学生思想政治教育中不可缺少的重要内容，要加强大学生孝德教育，树立正确的孝德观念和孝德行为，增强大学生道德素质。

---

[1] 孙中山：《孙中山选集》，人民出版社 1956 年版，第 649 页。

[2] [德] 马克斯·韦伯：《中国的宗教：儒教与道教》，王荣芬，译，商务印书馆 1999 年版，第 209 页。

（一）孝德教育的含义

众所周知，教育的“教”字，从其字形上来看，是由左边的“孝”与右边的“文”组合而成的，教少不了孝的教育。孝德在传统社会的教化与教育中占据重要地位。孝德教育与孝德是相伴出现的，有着紧密的关系。随着孝德观念的出现，实现孝德培养就成为孝德教育的重要任务。孝德教育指的是通过灵活而多变的教育教学方式，引导人们去树立和形成正确的孝德观念和意识，并实现孝文化的传播与弘扬的目的。[1]孝德教育是一种唤醒人性的教育，孝德教育是推动社会发展和稳定的关键。不同历史时期，孝德教育有着不同的侧重点和内容。封建社会的孝德教育不仅教育人们尊祖敬宗、善事父母，更注重引导民众忠君爱国，维护“父子、君臣、长幼之道”，达到巩固封建等级秩序和封建阶级统治的目的。古代孝德教育包含了比较多的政治性目的。现代孝德与古代孝德之间有着本质区别，这也决定了现代孝德教育与古代孝德教育的差异性。现代孝德教育以符合当前社会发展要求的新型孝德为教育内容，以提高孝德认知和孝德行为作为核心，提倡家庭成员之间的平等人格，强调对父母的感恩而不盲从，这也是现代孝德教育的重要突破和创新。尽管各个时期孝德教育的具体内容各不相同，但是每一个时期的孝德教育，均以培养孝德为目的。随着时代发展变化，现代孝德教育的表述虽然没改变，但其内涵和规范已经发生变化。孝德内容更完善，教育方法和形式更丰富，教育范围进一步扩大和发展。现代孝德教育鼓励自由化与多样化的行为方式。因而，本书立足于现代孝德教育，将培养孝德作为重要的道德品质，与思想道德教育密切相关。针对不同年龄段的人群，孝德教育应该采取不同的方法，以循序渐进的方式引导人们树立正确的孝德观念，养成良好的孝德意识，形成自觉的孝德行为。本书所指孝德教育，是以新型孝德为内容的现代孝德教育，主要包括敬亲养老教育、自尊自爱教育、知恩感恩教育和责任担当教育等方面的内容。孝德教育是指教育者以孝德为内容和目的，运用一定的教育措施对受教育者实施有目的、有计划、有组织的影响，从而使教育者树立正

[1] 顾丹颖：《当代大学生孝德现状及教育对策研究》，上海师范大学硕士学位论文，2016 年。

确的孝德意识、形成良好孝德品质的思想政治教育活动。它不仅包括学校教育活动，也包括家庭教育、社会教育和个人自我教育等教育活动。

（二）大学生孝德教育的内涵

本书研究对象是“当代大学生”，主要指全日制在校本科大学生。当代大学生有着独特的成长环境，是在改革开放历史条件下成长起来的一代，是在中国特色社会主义事业不断推进进程中成长起来的一代。他们大多生活在良好教育环境之中，受社会多元化影响，思想和行为都十分前卫。在当前高等教育大众化背景下，大学生人数规模不断扩大。当代大学生背负着整个家庭的希望，更应具备良好的道德素质，感恩父母积极行孝。大学生孝德教育是在立足于孝德教育涵义的基础上，对当代大学生进行的孝德教育。所谓大学生孝德教育，是指社会个体或团体运用一定的方式方法，引导大学生形成良好的孝德认知、孝德情感和孝德行为的教育实践活动。人类社会发展的不同时期，教育实践活动的内容、形式与方法也各不相同。无论哪个时期，其本质都是一种教化人的思想道德实践活动。就今天而言，大学生孝德教育是以孝敬父母、感念亲恩以及责任担当等内容为核心，培养大学生对父母长辈的责任和义务，形成感恩与回报父母的思想，养成感恩意识、仁爱精神和社会责任感等道德品质。开展当代大学生孝德教育，既要注重提高大学生自我教育能力，也要依靠学校、家庭、社会等外在力量的支持，并结合大学生的内心需要和个性特点，有针对性和实效性地开展教育活动，提高大学生的孝德认知、孝德情感和孝德行为能力，最大程度地实现孝德教育效果。大学生孝德教育方向要符合社会主义发展的本质要求，符合大学生成长成才规律和社会发展规律，使大学生成长为具有高尚道德品质的人，培养其感念亲恩、心怀责任意识，积极投身崇德向善的道德实践。

第二节　大学生孝德教育的理论依据及知识借鉴

孝德是中华民族千百年来维系家庭关系的道德准则，也是中华民族传统美德。当代大学生孝德教育具有深厚的思想基础和理论依据。中华优秀传统文化中关于孝德的重要思想、中国共产党关于孝德的重要思想是大学生孝德教育不可或缺的思想基础。同时，大学生孝德教育也要汲取思想政治教育规律及相关理论，博采众长，开拓大学生孝德教育的理论视野。

一、中华优秀传统文化关于孝德的重要思想

中华传统文化自古以来就强调“忠孝”，将“孝”作为“八德”之首，被儒家视为“仁”的根本。孝德是中华传统文化的精神核心，是中国传统道德伦理的元德，也是所有道德的根本。孝德不仅是中华传统文化独具特色的重要体现，也是中华民族的重要伦理道德标准和中国人特有代际情感模式的反映。其中，最有代表性的是儒家孝德思想。春秋战国时期，以孔子、曾子、孟子、荀子等为主要代表的儒家思想家不断发展孝文化，极大地丰富了孝德的理论体系。儒家孝德思想是大学生孝德教育的重要理论基础。

（一）关于孔子的重要孝德论述

孔子对孝德非常重视和推崇。儒家孔子思想是中华传统文化的重要代表，孝德是中华传统文化的核心。孔子的《论语·学而》指出：“孝弟也者，其为仁之本与”，明确“孝悌”是施行一切仁的基础，孝也是人伦关系创建的基础，建立在中国古代社会血缘亲情上的情感是人类进化繁衍的自然情感，并在生生不息中形成了以中国为代表，具有东方文化特色的，以血缘为出发点不断延展的情感谱系。儒家孝文化将这种特质内化到

了“仁”里面，体现为对亲情关系的重视，希望长辈能够延长与自己同在的时间，在这种延长里便推衍出在父母生前的孝顺，以期在这种孝顺的行为中能使父母健在时尽享儿孙的孝敬。《孝经·圣治章》讲到，曾子向孔子请教：“敢问圣人之德，无以加于孝乎？”意思是曾子问，在圣人的品德中，是否存在着比孝德的位置更高的品德。子曰：“天地之性，人为贵。人之行，莫大于孝。”孔子回答道，天地万物之中，人类最为尊贵。人类的所有行为中，没有比孝道更为重要的了。儒家诸多思想家，尤以孔子对孝德的论述最为突出。他通过对西周以来孝德理论的继承与发展，从现实人伦道德角度对孝德进行了论述。西周时期所倡导的孝蕴含一定的宗教成分，主要表现在对祖先“追孝”的各种祭祀活动里。春秋战国时期，王室衰微，礼乐崩坏，出于当时社会发展现实需要，孔子在西周孝观念的基础上进一步丰富了孝德思想。孔子极其重视孝德的重要性，从日常人伦道德角度强调孝德的意义，将孝德延伸到家庭道德伦理之中，提出了关于“敬养”“敬谏”“孝礼”“孝悌”等内容的孝德理论规范与具体行为。首先，将孝敬作为孝德的基础。孔子认为，对父母的孝敬不仅是要为父母提供物质上的支持，也要为父母提供精神上的慰藉。《论语·为政》中指出：“子游问孝。子曰：‘今之孝者，是谓能养。至于犬马，皆能有养，不敬，何以别乎？’”说的是孝敬父母仅仅“物养”是不够的，还要尊敬和爱戴父母，不然就跟养动物没什么区别。《论语·里仁》中强调，必须做到“父母在，不远游，游必有方。”其次，强调孝行与遵守礼仪相统一。孝德具体就表现为合乎礼仪。《论语·为政》中指出：“樊迟曰：‘何谓也？’子曰：‘生，事之以礼；死，葬之以礼，祭之以礼。’”这里强调，不管父母是生前还是死后，行孝都要遵循礼仪的要求。最后，将孝德与敬爱结合起来。《论语·学而》指出：“弟子入则孝，出则弟，谨而信，泛爱众，而亲仁。”这里出现多次孝德与敬爱结合使用，说明孝德也体现为对兄长的敬爱之情。要求人们把对家庭血亲之间的敬爱之情延伸到社会之中，在处理社会关系中也要做到敬爱他人。总而言之，孔子以人性作为孝德的出发点，把孝德作为一种朴素的家庭道德伦理规范，扩大到广大民众所共有的仁爱之心，使孝德成为更具普遍性的道德规范，成为影响后世的重要德行。

（二）关于曾子的重要孝德论述

曾子在孔子的孝德理论的基础上，将其进一步发展。曾子对孔子所强调的孝德思想和孝德规范，在广度和深度上都有所继承和发展。曾子将孝德从家庭伦理规范延伸到社会生活领域，一般道德行为也具有孝德的色彩。首先，对孝德的泛化。曾子将子女对父母的敬爱之情变成更抽象的普遍准则，使孝德成为一个统一体，体现着人们的世界观、人生观、道德观以及政治观。曾子在《大戴礼记·曾子大孝》中说："民之本教曰孝……夫仁者，仁此者也；礼者，履此者也；义者，宜此者也；信者，信此者也；强者，强此者也。"曾子把仁、义等道德范畴囊括到孝德，将孝德的内涵不断扩大，涵盖了家庭生活、社会政治等诸多方面的道德规范，强调了孝德对于其他一切社会道德行为的统摄作用。曾子还特别强调孝德与忠君结合。《大戴礼记·曾子大孝》中论述："事君不忠，非孝也！莅官不敬，非孝也！"他强调忠于君主也纳入孝德的范畴。其次，深化了孝德理论。他指出，孝德是人类的自然天性。孝德观念应该是所有人都具备的，每个人都应该有孝德情感，只是每个人的表达方式不一样。他还强调"善必自内始"，孝德是其他善行得以实现的前提。曾子还认为，孝德是和谐柔美思想的体现。人只要践行孝德，就可以拥有和谐的生活。总的来说，曾子关于孝德的论述具有全面性、系统性，从广度与深度上拓展了孝德的内涵和范畴，也论述了孝德的重要地位，将孝德置于所有善行与美德之首，其主要目的是将孝德与个人道德修养融为一体，使孝德成为人们真实情感的表现。

（三）关于孟子的重要孝德论述

孟子对于孝德的论述也十分丰富，实现了对孔子孝德思想的继承与发展。首先，提出了人性本善的主张，进一步完善儒家孝德理论的哲学基础。孟子深受孔子仁爱的思想的影响，认为每个人都具有仁爱的情感。《孟子·告子章句下》中论述："人皆可以为尧舜。"孟子认为人性是善良的，人人都可以成为尧舜那样的贤人，鼓励人人向善，个个都可以有所作为。孟子的人性本善的思想，使得孝敬父母、尊重爱护兄弟姐妹的孝悌思想有了依据。其次，建立了"亲亲""长长"的原则，用孝悌的道理进行教化，引导他们向善，使孝悌成为“五伦”的核心。《孟子·离娄章句上》论述：“人人亲其亲、长其长，而天下平。”意思是只要人人都爱自己的双亲，尊敬自己的长辈，那么，天下自然就可以太平了。孟子建立了“亲亲”“长长”的原则，也扩大了父与子的伦理规范。《孟子·滕文公章句上》中强调：“父子有亲，君臣有义，夫妇有别，长幼有序，朋友有信。”孟子将上古道德规范的“五教”变成了“五伦”，特别强调父与子、君与臣两个关系，使孝德进一步政治化，倡导敬爱兄弟姐妹的“孝悌”也成为统治阶级治理的重要手段。孟子认为，统治者实行仁政，可以得到天下人民的衷心拥护，这样便可以无敌于天下。孟子发扬了德政学说，认为孝德与统治者的国家治理密切相关，“孝治天下”是推行仁政的重要措施。统治者要治理天下，就需要推行仁政；若要推行仁政，就要成为一个仁者；若要成为一个仁者，就要从孝做起。孝是仁政的根本，孝是治理天下的根本。在曾子、孟子的不断发展下，孝德不仅局限于家庭之内，逐渐推广到整个社会，成为一种普遍的社会道德规范。

（四）关于《孝经》的孝德思想

《孝经》是中国古代政治伦理著作，是我国阐述孝道和孝治思想的古代儒家经典著作，也被看作孝道思想、伦理道德的基石。该书是经过先秦儒家孝道理论的发展，吸收春秋时期孝道理论的基础上形成的。儒家经典著作《孝经》的出现，标志着孝道观念的成熟，具有重大的历史意义。《孝经》关于孝的论述是从人的本性出发的，是引导人向善的。《孝经》对孝德进行了全面、深刻的论述，主要包括八个方面的内容：第一，孝是一切善行的根本。所有思想道德教化的内容都建立在孝的基础之上。《孝经·开宗明义章》中论述：“夫孝，德之本也，教之所由生也。”第二，孝是所有阶层的人都要遵循的道德规范。上到皇帝贵族，下到普通老百姓，都需要尽孝。只是根据地位高低不同，行孝重点不一样。第三，实行孝道是天经地义的，是符合天地运行规律的道德规范。《孝经·三才》强调：“夫孝，天之经也，地之义也，民之行也。”尽孝是为人子女义不容辞的责任，是人类最根本的品行。第四，要求在家庭和社会上都要遵循孝行。《孝经·纪孝行章第十》指出：“事亲者，居上不骄，为下不乱，在丑不争，居上而骄，则亡。”一个人在家要侍奉父母有孝心，在社会上也不能骄傲自大，不能为了名利与别人争斗。第五，倡导孝亲敬老的孝道，是教化人们和睦相处的最好方式。第六，君子要身体力行，教化人民践行孝道，这是君子竭尽一生应该追求的高贵品质。第七，君子只有先行孝于家庭，而后才能显祖扬名于外。第八，应尽谏诤之义，才是真正的孝顺和忠诚。《孝经·谏诤章第十五》强调："父有诤子，则身不陷于不义。"父亲若能直言劝告儿子，就不会陷入错误的行为之中。如果父亲做事违反义理，做儿子的应该直言劝告，不要一味顺从，这才是真正的孝行。《孝经》所蕴含的孝德思想，是围绕着孝德的泛化、政治化以及神秘化展开的。《孝经》除了继承孔子、孟子以及诸家学派的孝德理论学说之外，还具有比较鲜明的时代特点。《孝经》把道德规范与法律（刑律）联系起来，强调用法律权威和刑罚维护道德秩序和封建等级关系。《孝经》所传递的孝道理论是为统治阶级服务的，这也是其从汉代以来被统治者奉为经典而产生深远影响的重要原因。

二、中国共产党关于孝德的重要思想

中国共产党在领导人民进行革命、建设、改革的伟大实践中，自觉肩负起传承发展中华优秀传统文化的历史责任，是中华优秀传统文化的忠实继承者、弘扬者和建设者，重视中华民族传统孝德文化的继承发展。根据时代发展的变化要求，我们党对传统孝德进行了创造性转化和创新性发展，将传统孝德精华转化为实现中华民族伟大复兴的精神动力。中国共产党人对于孝德的重视表现在家庭、家教、家风建设之中，表现在弘扬中华优秀传统孝德之上，这些都是当代大学生孝德教育的宝贵资源。

（一）中国共产党人的孝德思想

中国共产党人的孝德思想表现在家庭、家教、家风建设上，倡导中华优秀传统孝德。毛泽东、朱德、习近平等党和国家领导人对父母亲人满怀拳拳赤子之心，为大学生孝德培养做出了良好的表率作用。那些蕴含着他们真挚孝情的文章、书信，如毛泽东写的《祭母文》、朱德所作的《回忆我的母亲》以及习近平写给父亲的寿信等，都被看作当代大学生孝德教育的宝贵理论资源。

毛泽东对母亲十分孝敬。1959年6月，毛泽东回到了阔别多年的故土，第二天一早便去悼念自己的父母。他在父母的墓地前默哀片刻后，说道“前人辛苦，后人幸福”，并恭敬地鞠了躬。1919年10月，毛泽东在组织开展学生政治活动时，家里传来母亲病逝的噩耗，没能见到母亲最后一面，悲痛至极。为了哀悼母亲，毛泽东在母亲逝世后三天内，怀着沉痛的心情写了一首四言诗《祭母文》：“……念兹在兹，此心不越。养育深恩，春辉朝霭。报之何时，精禽大海。呜呼吾母，母终未死。躯壳虽隳，灵则万古。有生一日，皆报恩时。有生一日，皆伴亲时。今也言长，时则苦短。惟挈大端，置其粗浅。此时家奠，尽此一觞。后有言陈，与日俱长。”[1] 毛泽东的这首诗以恳挚朴实的语言，饱含深情地追述母亲一生的辛劳和美德，表达了儿子爱母、念母、思母、报母的一腔挚情，具有撼人心魄的感染力。

朱德对慈母的拳拳孝心。1966年11月，朱德在接受意大利记者采访时，提及一生中最大的遗憾，是未能侍奉母亲，在她弥留之际都没有侍奉于床前。为了深切悼念自己母亲，朱德创作了一篇记叙性散文《回忆我的母亲》。朱德以质朴的语言表达了对慈母的真挚深情，回忆了母亲勤劳、朴实的一生，歌颂了这位平凡而又伟大的劳动妇女的崇高品德，表达了自己将继续革命，为中国人民的解放事业鞠躬尽瘁的坚定志向。朱德深受母亲的影响，对母亲满含感激之情。他说：“母亲最大的特点是一生不曾脱离过劳动。母亲生我前一分钟还在灶上煮饭。虽到老年，仍然热爱生产。去年另一封外甥的家信中说：‘外祖母大人因年老关系，今年不比往年健康，但仍不辍劳作，尤喜纺棉。’我应该感谢母亲，她教给我与困难做斗争的经验。我在家庭中已经饱尝艰苦，这使我在三十多年的军事生活和革命生活中再没感到过困难，没被困难吓倒。母亲又给我一个强健的身体，一个勤劳的习惯，使我从来没感到过劳累。我应该感谢母亲，她教给我生产的知识和革命的意志，鼓励我以后走上革命的道路。在这条路上，我一天比一天更加认识到：只有这种知识，这种意志，才是世界上最可宝贵的财产。母亲现在离我而去了，我将永不能再见她一面了，这个哀痛是无法补救的。母亲是一个平凡的人，她只是中国千百万劳动人民中的一员，但

[1] 丁晓风：《毛泽东家风》，人民出版社2019年版，第48页。

是，正是这千百万人创造了和创造着中国的历史。我用什么方法来报答母亲的深恩呢？我将继续尽忠于我们的民族和人民，尽忠于我们的民族和人民的希望——中国共产党，使和母亲同样生活着的人能够过快乐的生活。这是我能做到的，一定能做到的。”[1] 在这质朴、简洁的语言叙述中，流露出真挚深沉的爱，充分表明朱德以天下为己任而难求两全的境地，使慈母眷眷的情和赤子拳拳的心都得到充分的体现。

习近平总书记对父母的赤子之心。在习近平总书记的办公室里，几张不同年代的温馨家庭生活照被放置在醒目位置。其中一张照片里，习近平总书记推着年事已高的父亲，和妻子、女儿一起散步。父亲对习近平有着很深的影响，这从习近平总书记给父亲写的一封家书内容可见一斑。2001年10月15日，习仲勋88岁生日，全家人难得大团聚，时任福建省省长的习近平因公务繁忙缺席。他愧疚地给父亲写了一封拜寿信，在信中深情谈到对父母久而弥深的感情，提到从父亲这里继承和吸取的高尚品质，抒发了对父亲人格与品德、胸怀与作风、信仰与追求的崇敬之情。他还从多个方面谈到了要从父亲身上学习的地方。一是要学父亲对共产主义的信念坚定不移、忠诚于党。习近平总书记受到潜移默化的影响，牢记入党誓言，坚定政治信念，终生不渝。二是要学父亲做事勤恳、默默耕耘、不居功、不张扬。这激励着习近平总书记将毕生精力投入为人民群众服务的事业中，深入基层，深入群众。三是要学父亲一生崇尚节俭的生活习惯。他在信中提到，“父亲的节俭几近苛刻。家教的严格，也是众所周知的。我们从小就是在父亲的这种教育下，养成勤俭持家习惯的。这是一个堪称楷模的老布尔什维克和共产党人的家风，这样的好家风应世代相传。”在耳濡目染下，习近平总书记秉承了父亲俭朴的品质。这封信蕴含着习近平总书记对父亲的满满孝心，树立了良好的典范。党和国家领导人以身作则，表达对父母的孝敬与感恩之心，是开展孝德教育的重要素材。

（二）家风家教建设是孝德教育的重要基础

习近平总书记特别重视中华优秀传统孝德文化的宝贵价值和独特作用，弘扬传承中华优秀传统孝德文化。习近平总书记在2019年春节团拜

[1]《朱德选集》，人民出版社1983年版，第114页。

会上的讲话中指出："自古以来，中国人就提倡孝老爱亲，倡导老吾老以及人之老、幼吾幼以及人之幼""在家尽孝、为国尽忠是中华民族的优良传统。"国是千万家，家是最小国，中华民族历来具有浓厚的乡土情结和报国之志，既重视舍生取义，也讲究落叶归根。从古时"以孝治国"到如今社会主义核心价值观突出体现"家国情怀"，中国人的家国同构、家国一体，最根本就体现在"孝"上。中国古代社会倡导"以孝治国"，体现出中国人"由内及外，家国同构"一体的世界观，乃至"平天下，天下一家、大同世界"的理论基础。家国一体观念在中国人内心根深蒂固。家风建设事关家道中兴和国运昌隆。随着时代的变迁，社会流动性加大，尤其是贫富分化和城乡差别带来影响，资本利益驱动着家庭教育的物质化、世俗化，传统家庭模式和家族观念发生改变，传统家族教育和家庭教育观念也经受到挑战和削弱，社会道德和家庭伦理规范受到挑战。孝德文化是中华传统文化的核心内容，涵养新时代家风家教，要继承和弘扬中华优秀传统孝德文化。中华民族历来重视家庭家教家风，尊老爱幼、母慈子孝、兄友弟恭、勤俭持家等传统家庭美德，已经深深融入中国人的血脉之中，是家风建设的宝贵精神财富。自古以来，子孙贤达、功业卓著的家族，世代传承良好的家风家教。北宋苏氏一门出大家，苏氏家族历来注重耕读传家、非义不取，苏洵、苏轼、苏辙父子三人恪守做官先做人的道理，成就斐然。上虞作为浙江建县最早的地区之一，是传说中的虞舜故里，已经成为中华优秀传统孝德文化基因宝库，因其崇孝守德的中华优秀美德而千年不衰，影响着一代又一代的上虞民众。家教、家训、家风三位一体，相互渗透、相互影响，共同构成了民族文化基因传承的中国方式。传统家风家训所依托的传统农业社会的社会架构和政治体制虽已消失，但这并不意味与之相结合的价值观念、道德意识、思想和行为方式都失去了存在的合理性[1]。作为家教的经验总结和理论指导，传统家风家训所倡导的孝亲观，在新的时代，对于养成健全人格、陶冶美德善行、塑造家国情怀，依然具有举足轻重的意义和价值。中华优秀传统孝德文化是新时代家风家教建设的重要资源。要大力弘扬中华民族传统美德，从传统家风家训家规中汲取精华，结合新的实践和时代要求进行创新发展，为新时代家风家教建设提供

[1] 郭齐勇：《守先待后：文化与人生随笔》，北京师范大学出版社 2011 年版，第 6 页。

丰厚滋养。

习近平总书记强调，弘扬中华优秀传统孝德文化要着重从家庭、家风、家教建设入手。家庭的和谐牵动着社会的稳定，弘扬优良家风是全社会好风气的支撑。通过家风建设可实现一个灵魂触动另一个灵魂，实现社会风气朝着风清气正、和谐友爱的方向发展。孝德作为家风的重要部分，是良好家风形成与传承的关键因素。党的十八大以来，习近平总书记围绕注重家庭、家教、家风建设发表了系列重要论述。其在 2015 年春节团拜会上的讲话指出："家庭是社会的基本细胞，是人生的第一所学校。不论时代发生多大变化，不论生活格局发生多大变化，我们都要重视家庭建设，注重家庭、注重家教、注重家风"；2016 年 12 月，习近平总书记在会见第一届全国文明家庭代表时强调："中国人历来讲求精忠报国，革命战争年代母亲教儿打东洋、妻子送郎上战场，社会主义建设时期先大家后小家、为大家舍小家，都体现着向上的家庭追求，体现着高尚的家国情怀。"[1] 习近平总书记在各种场合多次强调家风、家教的重要性。他指出："家风是社会风气的重要组成部分。家庭不只是人们身体的住处，更是人们心灵的归宿。家风好，就能家道兴盛、和顺美满；家风差，难免殃及子孙、贻害社会""广大家庭都要弘扬优良家风，以千千万万家庭的好家风支撑起全社会的好风气。"[2]2017 年 6 月，习近平总书记在深度贫困地区脱贫攻坚座谈会上指出，要发扬中华民族孝亲敬老的传统美德，引导人们自觉承担家庭责任、树立良好家风，强化家庭成员赡养、扶养老年人的责任意识，促进家庭老少和顺。2022 年 6 月，习近平总书记在四川省眉山市三苏祠考察时指出，要推动全社会注重家庭家教家风建设，激励子孙后代增强家国情怀，努力成长为对国家、对社会有用之才。习近平总书记的重要论述蕴含丰富的孝德思想。这些论述表明，优良家风家教对于形成良好社会风尚、培养人们道德品质都具有重要意义。

红色家风是中国共产党的传家宝，是中国人民的宝贵财富。红色家风凝聚了共产党人的经验和智慧，深刻诠释了共产党人的理想信仰和道德品质，充分展现了革命家庭的家国情怀。传承红色家风也是家风家教建设的

[1]《习近平谈治国理政》（第 2 卷），外文出版社 2017 年版，第 354 页。

[2]《习近平谈治国理政》（第 2 卷），外文出版社 2017 年版，第 355-356 页。

重要内容。老一辈革命家特别注重良好家风培育，是我们学习的榜样。毛泽东以身作则，严格要求子女，经常告诫子女要“夹着尾巴做人”，不要搞特殊；对待亲属同样严格要求，告诫他们不要搞特权。毛泽东处理亲友关系形成了“三原则”：恋亲，但不为亲徇私；念旧，但不为旧谋利；济亲，但不以公济私。周恩来也严格要求自己的亲属，给晚辈定十条家规严管严教，包括不许动用公家汽车、生活艰苦朴素等，没有利用手中权力为自己或亲朋好友谋过半点私利。革命年代的英雄烈士，通过红色家书传递着对父母亲人的孝德情感，展示出了中国共产党人的家国情怀。1927年，王尔琢致父母的家书中写道：“为了让千千万万的母亲和孩子能过上好日子，为了让白发苍苍的老人皆可享乐天年，儿已以身许国，革命不成功，立誓不回家。”1923年1月6日，向警予给父母写下这封家书说：“我为这惟一光明惟一希望而不孝不友之事竟躬犯之，如无所建白，扪心何以自安？”1928年2月3日，叶天底牺牲前写给大哥的绝笔信：“我最放心不下的是母亲，希望你代我尽责，扶养母亲，我决不愿跪着生，情愿立着死……不要以我死而灰心，继续奋斗！”黄继光在参加抗美援朝战斗前给母亲写的信说：“男有决心在战斗中为人民服务，不立功不下战场。”这些家书满载着英烈的骨肉亲情和家国情怀。还有社会主义建设时期的焦裕禄、杨善洲、谷文昌等英雄模范，为党和国家事业鞠躬尽瘁，对家庭教育严管有加。我们要主动继承和弘扬红色家风精神，从红色家风中感悟初心使命，不断增强家风建设和孝德教育。

三、思想政治教育规律及相关理论

当代大学生孝德教育不仅要继承中华优秀传统孝德，也要吸收借鉴思想政治教育规律及相关理论，拓展大学生孝德教育的理论视野。当代大学生孝德教育是一个系统工程，要在思想政治教育学的基础上吸收借鉴心理学、政治学、社会学等多学科理论，共同作用于大学生孝德教育，培养大学生良好的思想品质和道德素养，为大学生孝德教育提供有益的借鉴。

（一）思想政治教育规律运用

思想政治教育是运用一定的教育措施对受教育者实施有目的、有计划、有组织的影响，从而使教育者形成符合统治阶级意志要求的意识形态教育活动。它内在包含了思想教育、道德教育、政治教育。思想政治教育的规律主要有两个，一个是研究人的思想品德形成发展规律，另一个是研究思想政治教育规律。当然思想政治教育不仅仅只有这两个规律，总体来说，思想政治教育规律可以包括五个方面，即思想政治教育产生发展的规律、社会意识形态形成发展的规律、个体思想品德形成发展规律、思想政治教育过程运行规律、有效开展思想政治教育规律。[1] 当代大学生孝德教育是思想政治教育的题中之义。孝德是个体对父母亲人的尊敬、孝敬和关爱之情，是朴素情感上升为个人修养和道德品行的表现，通过运用个体思想品德形成发展规律来促进大学生孝德修为的养成。孝德教育通过灵活而多变的教育教学方式，引导人们去树立和形成正确的孝德观念、孝德意识和孝德行为，是一个培养教育的认识和实践活动，本质上体现了思想政治教育过程的运行规律。

具体来看，个人品德形成发展规律揭示了人的思想品德发展是一个认知、情感、意志、行为循序渐进发展的过程，是外部条件和内在矛盾共同作用的结果。大学生孝德的形成发展过程也是一个由对家庭、对国家的认知上升为情感认同并最终身体力行的发展过程。孝德是一个“百善孝为先”的修为发展过程，从个人最基本的内在品质修为开始，做到对高尚品德的躬身示范，并推己及人以达到形成良好家风和社会风气为目的，这个过程本身就是个人品德形成发展规律的具体体现和运用。所以孝德教育要在遵循个人品德形成发展规律的基础上，挖掘大学生孝德情感形成发展的内在规律，为大学生孝德教育提供精准策略。思想政治教育过程运行规律揭示思想政治教育社会实践过程有其内在特点。思想政治教育过程可以划分为几个不同的阶段，比如谋划、准备、实施、调控、收尾、评估等。这些阶段依次更替，共同构成思想政治教育的完整过程。[2] 大学生孝德教育是一个完整的育人过程，包括培育计划、组织机构、实施主体、制度培育

[1] 刘建军：《论思想政治教育规律研究的基本任务》，《马克思主义理论学科研究》2016 年第 4 期。

[2] 刘建军：《论思想政治教育规律研究的基本任务》，《马克思主义理论学科研究》2016 年第 4 期。

路径方法、跟踪反馈评估等系统环节。可以发现，孝德教育过程和思想政治教育运行过程具有本质共通性。思想政治教育运行规律是指导大学生孝德教育的重要方法，对大学生孝德教育具有重要指导作用。

（二）心理学中的心理认同理论借鉴

心理认同作为一种融认知、情感、意志、行为于一体的教育路径，是消除学生逆反心理、润物无声的有效教育方法。心理认同是一个心理学名词，弗洛伊德从行为特征出发，把认同看作是个人向另一个人或团体的价值、规范与面貌去模仿、内化并形成自己的行为模式的过程，认同是个体与他人有情感联系的原初形式。[1] 后来心理认同发展为广义上的政治、文化、心理现象。具体而言，心理认同是认识同情感的一致，是认知与行为的统一，是信念的内化与行为的自觉，也就是把外在的思想观念移入内心并积极外化的过程，是一个由外到内、再由内到外的不断强化的逻辑过程。[2] 心理学研究的主要对象是人的心理，包括个性心理和心理过程。基于心理认同理论的孝德教育，就是将思想观念植入、内化的过程，使学生感知到孝德是个体成长成才的重要内需之一，接受并转变为知情意行等心理因素，自觉地用这种评价标准指导自己的社会实践行为。心理认同的发生机制是个体通过学习和模仿来达到对事物和思想的认知，在认知的基础上实现从服从到认同的心理体悟过程。它呈现出由浅入深、由外到内再由内到外的逻辑演进特点。显然，孝德教育的重要主体大学生，其心理活动本身就是一个不断实现自我否定和自我超越的心理活动过程。心理认同机制有助于把握教育主体的认知规律，在大学生孝德教育中是一项非常重要的内容。大学生通过运用心理活动机制对孝德进行了解，从而达到实现孝德情感的自觉心理认同，完成孝德知情意行的心理发展过程。把握好人的心理认同这一个根本性心理活动过程，对大学生孝德教育活动的开展十分重要。

---

[1] 李海金：《“符号下乡”：国家整合中的身份建构：1946—2006》，华中师范大学博士学位论文，2008 年。

[2] 操菊华：《大学生社会主义核心价值体系心理认同研究》，《武汉纺织大学学报》2012 年第 1 期。

大学生孝德教育是一个个性心理认同的过程，同时也是一个文化认同和社会认同的心理过程。因此，运用心理认同理论对大学生开展孝德教育时，可以从人本心理学、文化心理学和社会心理学着手。首先，基于人本心理学开展大学生孝德教育。人本主义心理学认为，人的本质属性的自我实现要通过激发自身潜能来获得，重视人的尊严和自我价值的实现，反对将人的心理降低为动物进化式的心理。因此，自我价值的实现和潜能的发展需要建立在一种人文关怀的环境中。大学生孝德教育的最终落脚点在于帮助大学生实现自我价值和社会价值的统一，重视大学生孝德教育的人文环境创设以及大学生的自我潜能发展是重要着力点。其次，基于文化心理学开展大学生孝德教育。文化心理学认为，人们对一个价值观念的接受，实际上是一个改变旧思维、建立新习惯的过程。新旧思维更替的过程包括感知、认同、内化三个发展阶段，这在人类学中叫做濡化或涵化。[1] 大学生孝德教育具有浓郁的中华传统文化底蕴，是培养大学生对中华优秀传统孝德文化的认知、认同以及实现对传统文化创造性转化、创新性发展的过程，要引导大学生对中华优秀传统孝德文化的认识和传承，构筑孝德文化心理密码，让敬亲孝亲成为大学生的思维方式和行为习惯。最后，基于社会心理学开展大学生孝德教育。社会心理和个体心理相对应，强调社会环境所塑造的社会群体心理。人的本质是社会性，生活在社会中的人们会受到社会群体心理的影响，出现大众心理和从众心理。社会心理学指出了社会环境的重要影响，大学生孝德教育是一个系统性的教育工程，要重视社会环境对大学生的心理塑造作用，不断加强高校文化环境育人作用，重视大学生个性心理和社会心理的有机结合，增强孝德教育的有效性。

（三）政治学中的政治认同理论借鉴

对政治认同的研究源于西方，美国政治学者罗森邦在《政治文化》一书中提出："政治认同是指一个人感觉他属于什么政治单位（国家、民族、城镇、区域）、地理区域和团体，在某些重要的主观意识上，此是他自己

[1] 李田伟、王海云：《大学生社会主义核心价值观的心理认同探讨》，《西南林业大学学报（社会科学版）》2018 年第 3 期。

社会认同的一部分。”[1] 这一观点在西方学界比较具有代表性。随着我国政治、经济、社会、文化等方面的调整改革深化，对政治认同的关注度日益提高。《中国大百科全书·政治学》从心理归属角度对“政治认同”下了定义：“人们在社会政治生活中产生的一种感情和意识上的归属感。”[2] 邱柏生从情感体验角度提出，政治认同感是指国民对政治组织、政治机构及其政治权威采取认可和拥护态度的体验。[3] 方旭光则从政治行为角度认为，政治认同是社会成员对政治系统合法性的拥护和支持。[4] 因此，政治认同具有心理和行为的双重属性，它首先是一种情感和意识上的归属感，是社会成员的一种心理活动，是形成政治认知、培养政治情感、产生政治动机和政治态度的心理过程。与此同时，政治认同作为政治生活的重要组成部分，是政治活动实践的结果，是认同主体对当前政治体系的接受过程和行为过程的趋同与统一，是基于其自身一定的利益需求和价值需要而产生的一种主动的、有意识的现实政治行为。从本质上看，政治认同就是人们对政治权力和政治价值的认同和信任，并自觉地以其所属群体或组织的要求规范自己的政治行为。政治认同理论具有丰富的内涵，但总的看来，政治认同的获得通过政治文化、政治权威、政治利益、政治价值的认同和信任来实现。大学生孝德教育的一个核心内涵就在于孝德培养，孝德本质就是对家庭的责任、对国家的奉献，并以政治认同表征出来。所以大学生孝德教育可以在政治认同中获得有益借鉴。

基于政治认同理论，从政治文化认同、政治权威保障、政治价值教育等方面推动大学生孝德教育。首先，以政治文化认同促进大学生孝德教育。中国古代政治是伦理本位的政治秩序，是家国同构的重要历史体现。无论是古代还是近现代，贯穿始终的一根主线就是家国一体，爱国就是爱家，所以逐步形成了以爱国主义为核心的民族精神。通过中国政治文化的历史发展教育大学生今天的文化成就来之不易，进而树立大学生对社会的

[1] [美]罗森邦：《政治文化》，陈鸿瑜，译，桂冠图书股份有限公司 1984 年版，第 6 页。

[2] 中国大百科全书总编辑委员会：《中国大百科全书·政治学》，中国大百科全书出版社 2002 年版，第 501 页。

[3] 邱柏生：《浅析我国政治心理学研究的现状》，《复旦学报（社会科学版）》1996 年第 4 期。

[4] 方旭光：《政治认同的逻辑》，中国社会科学出版社 2018 年版，第 30 页。

责任感，对国家的使命感。其次，运用政治权威保障孝德教育落到实处。孝德教育不仅是一项单纯的教育活动，还是关系国家发展的重要基础性工作，通过有效运用政治权威可以实现快速达到政治认同的目的。政治权威的运用可以在保障机制和社会制度上得到有效反映，通过党委领导和高校教育以及经费投入来促进大学生孝德教育，根本上还是需要通过软性教育的方式做到以理服人、以情感人。最后，通过政治价值教育深化大学生孝德教育。政治认同除了政治权威施加直接影响之外，更需要依赖政治价值的认同来达到政治共识。孝德教育也是一样，增强孝德情感最根本在于增强大学生对国家所持政治价值的认识和认同，只有如此才能使大学生心悦诚服地把爱家爱国内化于心、外化于行。教育引导大学生真正认识党的政治价值和个人的发展价值具有统一性，是增强孝德教育的关键之举。

第三节　当代大学生孝德教育的时代意义

每个时代都有每个时代的精神，每个时代都有每个时代的价值观念。新时代公民道德建设，是全面建设社会主义现代化国家的重要要求，是满足人民对美好生活向往的迫切需要，也是促进社会进步和人的自由发展的必然要求。孝德是新时代公民道德建设的重要内容，也是大学生思想品德培养的核心要素。无论是学校、家庭还是社会，都对大学生寄予厚望，期待大学生将来进入社会承担更多的责任。开展当代大学生孝德教育，培养大学生的孝德意识和孝德行为，意义重大。

一、有助于培养大学生的思想道德品质和奠定成长成才的基础

《大学》开篇提出："大学之道，在明明德，在亲民，在止于至善。"教育的首要目的是培养人的品德，使人向善。道德之于个人、之于社会，都具有基础性意义，做人做事第一位是崇德修身。从周公时代的"则以观

德，德以处事，事以度功，功以食民”（《左传·文公十八年》）到孔子时期的“德之不修，学之不讲，闻义不能徙，不善不能改，是吾忧也”（《论语》），德从一种天地化育万物的功能和强调获得人事成绩之成就的君德思想逐渐向道德伦理教化转化，更加凸显一个人的内在心性、德行，要求崇尚德，按照德的准则规范行事。“德不孤，必有邻”，人无德不立，官无德不为，国无德不兴。德是首要、是方向，一个人只有明大德、守公德、严私德，方能用得其所。立德是自然人向社会人过渡的核心环节。孝德是所有道德的根本，是人立身立业的基础。孝德是完善人格的出发点和落脚点，是为人处事的基本道德品质。孔子认为，孝是“至德要道”“夫孝，始于事亲，中于事君，终于立身。”[1] 孝德作为个人品德的根本，是每个人都必须具备的道德素养。在中国古代，官员如果不孝就会被撤职。北宋著名文学家苏轼曾说过：“治身莫先于孝。”个人道德养成从孝顺开始。对父母孝敬，是家庭责任感的体现。孝德是评价一个人品德高低的基本标准。一个人只有孝敬父母、关爱长辈，才是具有良好品质的人。人最大的品德是有孝德，最大的邪恶是没有孝德。俗话说，修身先修德，做事先做人。没有道德的人，即使拥有渊博的学识，也容易走歪路。多校曾出现因为人际关系紧张下毒杀害同学的事件。这些事件发生后，其亲朋好友震惊之余，也十分感慨，这些学生从小是大家眼中的好孩子，学业成绩优异，但是道德上的缺失，却造成思想行为的严重失衡。在面临物质利益和金钱诱惑时，也往往容易迷失方向。但丁说过：“一个知识不全的人可以用道德去弥补，而一个道德不全的人却难以用知识去弥补。”要成就美好人生，首先要规范自己的言行，增强自己的道德修养。孝德对个人道德形成起着基础性作用，体现为对父母长辈的情感与德行。贵州省望谟县的高中毕业生刘秀祥背着患病的母亲到山东读大学，大学毕业后回到家乡奉献基础教育事业，成长为党的二十大代表、全国最美教师、中国青年五四奖章获得者。这充分证明，拥有良好的孝德素质，有对父母长辈的强烈责任心，心怀感恩意识，才会具有服务人民、奉献社会的崇高品质。大学生处于人生关键期，培养大学生的孝德品质，有助于促进其整体品德的发展。

习近平总书记指出：“青年的价值取向决定了未来整个社会的价值取

[1] 陈书凯，编译：《孝经》，中国纺织出版社 2015 年版，第 3 页。

向，而青年又处在价值观形成和确立的时期，抓好这一时期的价值观养成十分重要。这就像穿衣服扣扣子一样，如果第一粒扣子扣错了，剩余的扣子都会扣错。人生的扣子从一开始就要扣好。”[1] 青少年阶段是人生的“拔节孕穗期”，最需要精心引导和栽培。大学阶段作为青年学生进入社会的最后过渡时期，是德育体系中的重要环节，是教育者遵循大学生身心成长的客观规律，教育引导大学生将外在社会道德准则与规范内化为自身的道德品质，促进大学生道德品质的理性成长，并将其外化为良好的道德行为习惯的过程。[2] 大学生处于人生成长的重要阶段，是思想品德形成的关键时期，大学生的思想和行为都具有较强的可塑性，是孝德教育的重要时期。孝德是评判个人道德的基准，孝德的培养不仅符合大学生的成长规律，同时也为大学生自身道德素质的提升奠定了良好基础。当代大学生作为具有较高知识水平和文化素养的社会群体，在年龄上，是承上启下的一代；在认知阶段上，处于思想品德的养成期。这决定着培养大学生的世界观、人生观和价值观，促进大学生全面发展的重要意义。思想品德素质是大学生综合素质的核心与灵魂，大学生思想道德水平的高低，直接关系到中国特色社会主义现代化建设事业的实现。这就要求当代大学生群体自觉提升自身思想道德修养，具备承担时代责任和历史使命的意识。当代大学生既要具有精湛的专业知识和技能，也要具备良好的思想道德素质。将孝德作为当代大学生道德教育的切入点，在开展大学生思想政治教育过程中融入孝德内容，有助于增强大学生的孝德水平。通过孝德教育，引导大学生养成孝德意识和孝德行为，形成健全人格和良好思想道德品质。

二、有助于实现高校立德树人的目标和提高高校德育工作效果

习近平总书记强调，高等教育发展水平的高低，是一个国家发展水平和发展潜力的重要标志，要始终坚持把立德树人作为高等教育的中心环节，把思想政治工作贯穿教育教学全过程，实现全程育人、全方位育

---

[1] 习近平：《青年要自觉践行社会主义核心价值观——在北京大学师生座谈会上的讲话》，人民出版社 2014 年版，第 9 页。

[2] 沈壮海：《论高校德育的人本追求》，《思想理论教育导刊》2009 年第 11 期。

人，努力开创我国高等教育事业发展新局面。当今世界正在发生广泛而深刻的变化，我国也进入全面建设社会主义现代化国家的关键阶段。面对复杂多变的国际国内新形势，要真正赢得青年学生，既要适应国际国内形势的发展变化对高校德育工作提出的新要求，也要顺应现代科学技术日新月异、突飞猛进条件下高校德育发展的新趋势。2021 年 7 月，中共中央、国务院印发《关于新时代加强和改进思想政治工作的意见》，明确提出了要“加强学校思想政治工作，加快构建学校思想政治工作体系，实施时代新人培育工程，完善青少年理想信念教育齐抓共管机制，培养德智体美劳全面发展的社会主义建设者和接班人”。当前国家全面推进中国特色世界一流大学建设，以内涵式发展建设高水平大学。在中国特色社会主义伟大实践中，德育一定是高校人才培养的应有之义。高校要从学生全面发展的角度出发，在内涵式发展中审视德育的独特功效，摆脱长期以来德育与智育分离、道德养成与知识教育割裂的问题。高校要贯彻立德树人的观念，不仅要重视对学生的专业知识教育，更应该重视对学生的品德培养。道德修养是个人修身最为关键之处。《孟子》提出：“人之所以异于禽兽者几希。庶民去之，君子存之。”（《离娄下》）1907 年蔡元培在《中学修身教科书》中指出：“人之所以异于禽兽者，以其有德性耳。当为而为之之谓德，为诸德之源；而使吾人以行德为乐者之谓德性。”[1]1910 年陆费逵在《修身讲义》中也认为：“人之所以为人，亦以其有德耳，否则与禽兽又何异焉”“人皆有知识，皆有良心，而有德与不德之分，善人恶人之所以异者”。[2] 中华优秀传统文化主张，人之为人的根本在于有德。高校立德树人强调立德是树人的基础，树人是立德的目标，立德要贯穿于树人之中。要着力解决“为谁培养人、培养什么人和如何培养人”的根本问题，努力培养德智体美劳全面发展的社会主义建设者和接班人。习近平总书记在党的二十大报告中明确强调：“培养什么人、怎样培养人、为谁培养人是教育的根本问题。育人的根本在于立德。”[3] 孝德是道德教育的源头和基础，孝

---

[1] 蔡元培：《中学修身教科书》（第一册），商务印书馆 1907 年版，第 59 页。

[2] 陆费逵：《修身讲义》（师范讲习科用），商务印书馆 1910 年版，第 17 页。

[3] 习近平：《高举中国特色社会主义伟大旗帜　为全面建设社会主义现代化国家而团结奋斗——在中国共产党第二十次全国代表大会上的报告》，人民出版社 2022 年版，第 34 页。

德教育是高校道德教育工作的基础。大学生崇德向善、崇德修身是当前高校实现立德树人的基本前提。

“孝者，德之本，教之生，人之学。”孝是道德的根本，是教育的源头，是家国的纽带，是天地之大道。当前高校孝德教育工作还存在着不足，过于注重学生专业知识和就业技能的培养，相对忽视对大学生道德品格的培养。高校德育工作中存在着典型的知性化倾向，德育被当成单纯的道德知识传授，脱离了大学生的生活实际，大学生习惯于被动地接受道德教化，而不明确道德规范的价值意义，造成部分大学生道德迷失、知行脱节、行为失范等现象。部分高校进行道德教育的方式方法还存在一些问题，也影响了高校德育质量和效果，不利于学生的健康成长。大学生虽然知识水平比较高，但是依然存在着诸多不孝顺父母的行为，当代大学生孝德缺失问题不容忽视。我们不时会看到一些关于大学生不孝顺父母、不体谅父母或者采取极端手段伤害自己等事件发生。首先立足于大学生孝德教育，大学生走向社会前必须扣好“第一粒扣子”。孝德是中华传统道德体系中的核心理念与首要精神，是其他一切美德的基础。大学生崇德修身，要从孝行开始。高校德育工作要将培养孝德置于基础性地位。在大学生真心诚意接受善德并将其自主转化为内心信念、生成为信仰之时，他们就会将内在自觉外化为自主行动。崇德是实现立德树人的基本目标，是大学生为人处世的基本原则与道德规范，更是大学生人格健全、品德高尚的衡量标准。丰富的孝德教育资源是开阔大学生孝德教育视野的有利条件，中华优秀传统孝德文化为孝德教育提供了资源，科学对待这些传统教育资源，并将其融入高校孝德教育的过程中，可以有效推动孝德教育目标的实现，从而助力高校思想教育整体目标的实现。孝德教育是德育的主要内容，当代大学生是孝德教育的主要对象，也是中华优秀传统孝德的传承者。当代大学生德育应以孝德教育为切入口，使大学生懂得孝敬父母长辈、感激父母、回报父母，形成最基本的孝德意识。这不仅有利于提高当代大学生的整体思想道德素质，也有利于丰富高校德育内容，实现高校立德树人的目标，提高高校德育实效性。

三、有助于营造大学生的幸福家庭氛围和调适不平衡代际关系

孝是人立身之本，是家庭和睦之本，也是国家安康之本。千百年来，孝德是中国社会维系着家庭关系的道德准则，是中华民族的传统美德。孝德是人们在长期的社会生产实践过程中自然形成的一种道德规范，以尊敬和赡养父母为主要内容，建立在家庭血缘关系之上，是家庭和谐稳定的重要保障。经过几千年的积淀已成为中国人共同的心理习惯和行为准则。钱逊先生指出："从历史的发展来看，孝作为维护宗法制度的道德规范，已经失去了它存在的基础，但作为亲情的表达和维系家庭关系和谐的道德规范，却还有很重要的意义。"[1]家庭情感维系需要亲情作为纽带，而作为家庭伦理道德的孝德是维持亲情的重要纽带，因而，孝德教育有利于家庭的和睦与稳定。家庭是社会的基本单元，建设和谐家庭关系到每个人的利益。社会是由众多家庭组成的，家庭和谐关乎社会的和谐。在家庭中建立一种和谐的关系，需要有孝德伦理。在中国，自古以来就有着维护家庭关系的孝德伦理规范。敬亲孝亲是一种亲子关系之间的伦理价值与社会规范，是孝德的核心内容。父母与子女、兄弟姐妹是家庭主要的社会关系，孝德养成可以让家庭成员彼此之间相互关爱，并促使每个家庭成员自觉履行自身对家庭承担的责任与义务，为和谐家庭的构建打下坚实基础。子女对父母的尊敬与爱护，能让父母感到自己的价值，从而增强家庭的凝聚力和家庭关系的和谐融洽。反之，如果子女对父母缺乏孝道，家庭的凝聚力就会受到削弱，家庭的和睦融洽就会受到影响。正所谓家和万事兴，家庭的和谐离不开孝德的支持。孝德的核心意义是以家庭为主的伦理规范、行为准则。孝德不仅是人类社会文明的产物，是社会美德，也是个人自身理性和道德的内在需要。人们践行孝德，不仅要为父母提供物质上的支持，也要为父母提供精神上的慰藉，使父母享有愉悦的生活状态。培养大学生的孝德意识和行为，能促进家庭亲子关系和代际关系的和谐，使亲情更加浓厚，家庭更加融洽幸福。孝德对于家庭关系的调节、家庭礼仪的形成、家庭生活的发展、家庭凝聚力的形成都具有重要意义。

---

[1] 钱逊：《先秦儒学》，辽宁教育出版社 1995 年版，第 240 页。

随着现代社会的发展，中国传统家庭结构发生了巨大的变化。随着中国社会老龄化程度不断加深，纯老年户和空巢家庭的比例出现了明显上升。子女数量下降、预期寿命延长增加了家庭的空巢期，使空巢家庭比例明显上升。特别是，一些独生子女家庭因为子女外出求学出现“中年空巢”现象，诞生了大量空巢家庭。同时，还出现大量家庭分离化现象，家庭结构趋于简化，传统多代同堂家庭逐渐消失。这不是家庭成员之间真正的分家，而是由于人口流动导致家庭人口的分离。这些家庭结构的变化，对中国传统家庭以“家本位”为主导的社会价值观产生了冲击。家庭发生的巨大变迁、父母教养方式的变化，都对当代大学生造成很大的影响。大学生作为半独立的社会个体，既离不开出生的家庭，又要为自己将来组建家庭奠定基础。家庭结构的变化，以及家庭成员的简化，造成父母教养方式的变化。当代大学生大多成长于独生子女家庭，往往习惯于以自我为中心，缺乏为他人着想的心理。开展当代大学生孝德教育，引导大学生养成关爱父母长辈的观念，增进大学生同父母之间的情感，利于平缓代际矛盾，保持家庭亲子关系的平衡，让亲子之间相处融洽；也可以使大学生更了解体谅父母，更好地爱护家庭、孝敬父母，使父母精神上感到愉悦。孝德作为家庭成员关系的规范，一方面可以维护家庭稳定，另一方面可以促使代际成员间相互理解尊重、相互谦让包容，从而形成家庭成员间的和谐关系。把这种和谐家庭成员关系推广到家庭之外，就是和谐的朋友同学关系、和谐的师生关系、和谐的邻里社会关系。孝道是和睦相处、尊重他人的基本准则。通过孝德的培养，可以让大学生学会尊重他人，建立良好的人际关系，还能促进大学生形成关爱他人的意识，正确处理社会关系。家庭亲子关系融洽，家庭就会幸福和谐。孝德不仅是家庭伦理道德的出发点，也是社会道德规范的重要部分。孝德不仅要求关心和爱护自己的父母，也要求关心和爱护所有人的父母长辈。开展孝德教育也能加强当代大学生对家庭的责任感，从而增强对社会的责任感，这将促使社会形成敬老爱老的社会风尚，使得社会更加的安定团结。

四、有助于提高社会成员的思想道德素质和促进社会和谐稳定

党的十八大以来，习近平总书记高度重视公民道德建设，作出了一系

列重大部署，推动思想道德建设取得了显著成效。习近平总书记在党的二十大报告中指出："实施公民道德建设工程，弘扬中华传统美德，加强家庭家教家风建设，加强和改进未成年人思想道德建设，推动明大德、守公德、严私德，提高人民道德水准和文明素养。"[1]中华优秀传统孝德是社会意识和行为的规范，是社会主义公民道德建设的重要内容。周公之后，孔子"为政以德"的思想世代相承，后人称为"周孔之教"。儒家孔子希望通过"立德"实现全社会的德治。弘扬和传承中华优秀传统孝德，对于维系家庭和睦、社会和谐稳定、文明延续发展、提高社会道德水平都具有重要作用。一个人如果能在家庭中恪守孝德，往往具有较高的思想道德素质，具有社会责任感，就不会在社会上做出不好的行为，社会稳定就有所保障。《新时代公民道德建设实施纲要》明确指出，"要把社会公德、职业道德、家庭美德、个人品德建设作为着力点"，要"推动践行以尊老爱幼、男女平等、夫妻和睦、勤俭持家、邻里互助为主要内容的家庭美德，鼓励人们在家庭里做一个好成员。"孝德的培养契合公民道德建设的基本规范，孝德的形成对提升公民整体道德素质具有重要价值。中央电视台每年开展"感动中国"年度人物评选，选出来的不少人物是践行孝德的典型，如李国秀、张顺东夫妇等。还有每年全国道德模范人物中，也涌现出不少孝老爱亲的孝德榜样，如海南孝心男孩陈重私悉心照料残疾生病母亲、广东茂名 18 岁女孩黎海坚带着奶奶上大学等，这些都是孝德教育的重要资源。敬亲孝亲、敬老爱老作为中华优秀传统孝德，是现代社会公民道德的核心内容。孝德的广泛传播能够促进个体萌发敬亲孝亲的意识，能够提升全体社会成员对于社会主义道德体系的认同感和责任感。对当代大学生开展孝德教育，也体现了培养公民道德素质的目标。孝亲养亲、敬老爱老的观念和行为，是社会公德体系中最为基础、最为重要的内容。

习近平总书记在党的十九大报告中明确指出："中国特色社会主义进入新时代，我国社会主要矛盾已经转化为人民日益增长的美好生活需要和

[1] 习近平：《高举中国特色社会主义伟大旗帜　为全面建设社会主义现代化国家而团结奋斗——在中国共产党第二十次全国代表大会上的报告》，人民出版社 2022 年版，第 44 页。

不平衡不充分的发展之间的矛盾。”[1] 必须认识到，我国社会主要矛盾的变化是关系全局的历史性变化，对党和国家工作提出了许多新要求。目前的中国，并非老龄化最严重的国家，却是老龄化发展速度最快的国家之一。老年人口基数增大，高龄老人比例高，家庭养老功能弱化，这些都是目前中国老龄化工作面临的严峻现实。第七次全国人口普查数据显示，我国 60 岁及以上人口的比重达到 18.70%，这意味着中国已经正式进入老龄化社会。当今中国全面进入小康社会，如何解决人口老龄化来临叠加低生育率的挑战？如何解决中国“未富先老”难题？弘扬传承中华优秀传统孝德文化，就是破解这些在其他国家仍是未解之题的东方密码。实践证明，中国要在逐步实现养老社会化的同时，发挥家庭养老的传统作用。倡导孝亲敬亲、敬老爱老，可以更好地解决家庭养老的问题，还有助于推动社会化养老，促进现代社会的道德建设，这说明依然需要中华孝德伦理规范解决出现的老龄化问题。随着现代化与城镇化进程的不断推进，传统的“熟人社会”逐渐演变为“半熟人社会”，同姓宗族聚族而居的社会形态逐步瓦解，离散型的小家庭结构成为社会的基本形态。与之相应，人与人之间的关系也趋向于疏离、孤立。[2] 当今社会物欲横流，享乐主义、拜金主义盛行，致使亲情冷漠，人与人之间的关系紧张。孝德是人际交往的润滑剂，可以将亲爱友善之情传递到社会各个角落，使社会充满温情与敬意。此外，我国自古就有移孝作忠、家国一体的社会观念。国与家都是人类生存与繁衍的根本保障，孝德情感可以激发广大民众的爱国热情，将爱国与爱家相统一。我们要以此为出发点，推动当代社会的道德建设，提高公民道德素质和社会责任感。孝亲敬老已不仅仅是个人情感上、思想上的需求，也是社会和国家的需要，成为构建现代文明和谐社会的基石。哲学家黎鸣表示，人类进入 21 世纪以后，面临的最大危机就是道德危机，全人类也将进入一个道德真空的时代。社会道德水平的降低不利于社会和谐稳定，这可以在一定程度上归根于孝德的缺失影响。我们要以孝德教育为出发点，提高大学生的孝德素质，引领带动社会更多的人形成孝亲敬老的意识，提高社

[1] 习近平：《决胜全面建成小康社会　夺取新时代中国特色社会主义伟大胜利——在中国共产党第十九次全国代表大会上的报告》，人民出版社 2017 年版，第 11 页。

[2] 刘光洁：《传统孝道伦理价值观的时代建构功能》，《人民论坛》2020 年第 28 期。

会成员的道德素质和社会责任感，促进现代社会的道德建设和社会发展，实现和谐社会。

五、有助于弘扬中华优秀传统孝德和涵育社会主义核心价值观

中华优秀传统孝德是中华优秀传统文化的精髓，是公民道德建设的重要资源。习近平总书记在党的二十大报告中强调："以社会主义核心价值观为引领，发展社会主义先进文化，弘扬革命文化，传承中华优秀传统文化，满足人民日益增长的精神文化需求，巩固全党全国各族人民团结奋斗的共同思想基础，不断提升国家文化软实力和中华文化影响力。"[1] 自古以来，孝德已经深深地融入中华民族的血液中，成为中华民族的文化基因和生生不息的精神力量。中国人具有孝德的特殊文化表现，出现在中国历史时代里，建立在血缘关系之上。基于血缘关系和时代传承，通过家庭、家族、民族逐渐延伸来表示，体现了中华儿女孝亲敬老的孝德认知、孝德情感和孝德行为。中共中央、国务院印发《新时代爱国主义教育实施纲要》明确指出，要引导人们了解中华民族的悠久历史和灿烂文化，从历史中汲取营养和智慧，自觉延续文化基因，增强民族自尊心、自信心和自豪感。孝德是中华优秀传统文化的重要基因，培养大学生孝德意识和孝德行为，有助于弘扬中华优秀传统文化，增强大学生的民族自尊心、自信心和自豪感。梁漱溟说过："孝文化从一定程度上可以代替中国文化，孝的重要作用在中国文化中不言而喻：忽视孝的中国文化，并不是真正的中国文化。"[2] 孝德在中华优秀传统文化中具有非常高的地位。全面建设社会主义现代化国家要大力弘扬和传承中华优秀传统孝德，突出中国特色的传统道德和价值观，增强文化自信和历史自信。2022 年 8 月，中共中央办公厅、国务院办公厅印发《"十四五"文化发展规划》提出，要加强中华优秀传统文化研究阐释，深入研究中华文明、中华文化的起源和特质，构建中国

[1] 习近平：《高举中国特色社会主义伟大旗帜　为全面建设社会主义现代化国家而团结奋斗——在中国共产党第二十次全国代表大会上的报告》，人民出版社 2022 年版，第 43 页。

[2] 梁漱溟：《中国文化要义》，上海人民出版社 2011 年版，第 21 页。

文化基因的理念体系。新时代，要大力弘扬社会主义道德，必须继承和发扬中华优秀传统孝德。当代大学生既是中华传统美德的传承者，又是体现时代进步的新道德规范的实践者，只有全面提高思想道德素质，才能更好学习和弘扬中华优秀传统孝德文化。

“核心价值观，其实就是一种德，既是个人的德，也是一种大德，就是国家的德、社会的德。”[1] 孝德作为中华优秀传统美德的重要组成部分，是社会主义核心价值观的传统文化来源。《“十四五”文化发展规划》目标任务重点之一就是社会文明程度得到新提高，社会主义核心价值观深入人心，中华民族的家国情怀更加深厚、凝聚力进一步增强。开展孝德教育，对于深刻理解中华民族家国情怀内涵，落实《“十四五”文化发展规划》目标任务具有重大的理论支撑意义。中华优秀传统文化的家国情怀、中华优秀传统文化的社会关爱意识等与社会主义核心价值观的精神内涵相契合。岳飞的“精忠报国”，顾炎武的“天下兴亡，匹夫有责”等传统文化体现了家国情怀、责任担当、牺牲奉献精神。当前需要进一步加强中华优秀传统文化教育，深入探究以孝治国、大孝报国的中华优秀传统孝德文化背后的东方思维方式，才能更好地理解家国情怀、家国担当的当代价值，帮助大学生树立正确的世界观、人生观和价值观，践行社会主义核心价值观。习近平总书记在全国高校思想政治工作会议上强调：“要坚持不懈培育和弘扬社会主义核心价值观，引导广大师生做社会主义核心价值观的坚定信仰者、积极传播者、模范践行者。”[2] 通过中华优秀传统孝德的教育引导，让大学生充分认识到中华优秀传统孝德与社会主义核心价值观的密切关系，积极调动大学生学习中华优秀传统孝德的自觉性和主动性，也帮助当代大学生准确掌握社会主义核心价值观的丰富内涵，引导大学生扣好人生的第一粒扣子。开展当代大学生孝德教育，一方面，要引导大学生积极学习中华优秀传统孝德，掌握中华传统文化中的精华部分和优秀文明成果，丰富大学生的文化基础。增加大学生对博大精深的中华优秀传统孝德的认识和把握，使传统孝德在现代社会焕发生机活力，并得以不断发扬光

[1] 习近平：《青年要自觉践行社会主义核心价值观——在北京大学师生座谈会上的讲话》，人民出版社 2014 年版，第 2 页。

[2]《习近平谈治国理政》（第 2 卷），外文出版社 2017 年版，第 377 页。

大。另一方面，要在完善大学生道德修养品质、培育健康人格、提升文化素养的同时，引导大学生努力做好中华优秀传统文化的继承者和传播者的角色，传承中华优秀传统孝德，践行展现社会主义核心价值观和时代精神风貌的道德规范，使之成为全体人民的共同价值追求，提高全体人民的道德素质，弘扬真善美、贬斥假恶丑，培育知荣辱、讲正气、作奉献、促和谐的良好社会风尚。

第二章　当代大学生孝德教育的基本理论

孝德是中华优秀传统文化的重要组成部分，是人类一切美德的基础，反映着为人处事的根本要求和基本规范。孝德教育是有目标、有内容、有原则和有方法的系统工程。实践是认识的重要来源，而认识指导实践。科学理论的价值在于指导实践，对当代大学生孝德教育的具体目标、主要内容、基本特点、重要原则、主要方法等基本理论进行探析，可以为有效开展当代大学生孝德教育实践提供科学的理论支撑。

第一节　当代大学生孝德教育的基本特点

孝德作为中华民族的传统美德，是中华优秀传统文化的核心观念与重要文化精神，代表着中国的文化特色和精神内核，是中华民族赖以生存和发展的精神力量。孝德作为一种具有动态性的道德实践行为，其精神内涵随着时代变迁和社会发展而有所变化。同样，大学生孝德教育也需适应社会背景和时代发展需要，其形式和内容不可能一成不变。

一、孝德由私德逐渐扩展为公德

孝德作为中华优秀传统文化的精神核心，在长期的历史发展过程中发挥着促进国家发展、维护社会稳定的重要作用。孝德既是我们中华文明古老深厚文化底蕴的体现，又被看作东方文明的显著象征。孝德深藏于中国人心底，是人们终其一生贯彻的行为理念，而讲求“孝德”也被看成中华优秀传统文化的重要内容和特点之一。在传统伦理社会，孝德作为一种私德伦理整合社会道德，促进人们建立合理的道德规范，维护社会秩序，构建一个与社会自身构成相一致的具有社会适应性的规范，使人们认同德性、心怀慈善、共行善举。随着社会的不断发展，传统孝德的功能发挥受阻。为了适应市场经济与现代社会所需的调整，现代孝德确立起以人为中心的道德选择，开始了从注重个人关系到注重社会关系的演变。在私德主导和传统伦理的情境中，“父慈子孝、兄友弟恭、君礼臣忠”一类的道德关系的关注热点，不过是对纵向的父子私人关系的处置加以横向放大而已。而现代伦理以处理社群关系、社会关系为中心，它把私人关系的处置限定在个人生活的范围内，将社会关系的调节置于最重要的位置，以此保证社会的顺利运行。由此，孝德从私德为主导领域扩展到公共道德，更注重个人在社会生活中的品德情操。孝德作为人生境界提升的起点与归宿的价值纳入现代伦理社会，提升道德境界与人生境界，从而使其最富影响力与感召力，将道德良心内植人心、外导行为。

中华优秀传统孝德独树一帜。中国古代社会关系并不像古罗马帝国那样以契约法来维护，而是以传统伦理、礼乐制度为基石，将个人与社会、家庭与国家联系在一起，由内及外形成血缘—文化—政治的共同体。中国古代社会往往推崇由孝及忠，把家孝之理推演为为国尽忠，发展为个人对国家的责任担当、家国情怀。英国学者马丁·雅克在《了解中国的崛起》的演讲中说，我们西方人将国家看作一个侵入者、一个陌生人，其权力应该是有限的、明确界定的和加以限制的。中国人对国家完全不这样看，中国人将国家看作亲密的朋友，也不只是作为一个密友，作为家庭里的一员，事实上也不只是家里一员，而是一家之长，家庭里的家长。它以一种完全不同于西方的方式深植于社会之中。这可以深刻体现出中国人无法割舍的深厚家国情怀，这就是中华优秀传统文化的精神内核。中国革命先驱孙中山先生曾说过，讲到中国固有的道德，中国人至今不能忘记的首先是“忠孝”，其次是“仁爱”，再次是“和平”。而讲到孝字，几乎无所不包，无所不至，现在世界上最文明的国家，讲到孝字，还没有像中国讲得这么完全。西方著名思想家马克斯·韦伯也曾把中国儒家伦理与西方基督教做比较分析后说，中国人所有人际关系都以“孝”为原则。[1] 显然，中国社会倡导的孝德文化特别广泛，它既是人与人之间的伦理规范，又是人与社会、人与国家的道德规范，是中华文明首要文化精神的象征。中华民族重视孝德，已经成为区别于其他民族的最大特点。中国历朝历代都以各种形式倡导并践行“以孝治天下”的方针。孝道传百代，上下五千年，孝德已成为中华民族繁衍生息、代代相传的优良传统美德与核心价值观，成为中国社会的基本道德规范。孝德是中华民族传统美德的基本元素，是华夏子孙品德形成之基础。自周公制礼以来，我国开始特别注重用“孝德”协调各方面关系，包括感恩父母、生育后代、推恩于人、孝国孝家、缅怀先祖等等，由个体到整体，从自己修身到让家庭和睦，再到国家和谐安定，繁荣昌盛。通过历代发展，“孝”由最初感恩父母的“孝”扩展至代表兄友弟恭的“孝悌”，进而扩展到血亲群体，最后推衍到整个社会群体、整个国家之中。由此，整个社会“以忠为经，以孝为纬”，孝德成为中华民族的核心价值观，维护社会和谐稳定发展。

二、要求行孝更趋于自律性

相较于过去，当代大学生孝德教育倡导的行孝方式更趋于简化、自由化与多样化。传统孝德在行孝方式上，讲求对父母、长辈的绝对服从，子女的人格并不独立且毫无自由，特别是类似于“随侍在侧”“守丧三年”这样的孝行规定，使得尽孝成为摧残子女精神与肉体的一种方式。在传统三纲五常教义下，“父叫子亡，子不亡则为不孝”甚至成为传统社会代际关系的通行准则，子女对父母的孝顺成为一种单向度、等级制的强制性规

[1] [德] 马克斯·韦伯：《中国的宗教：儒教与道教》，王荣芬，译，商务印书馆 1999 年版，第 209 页。

范。这种等级性孝道往往逾越了孝行的度，常常出现不负责任的父母与愚孝的子女。那些既具体又详尽的关于孝行的明文规定，无形中使孝成了一种外在的束缚，而不再是人的内在情感需要的自然反映，以至于人们在履行孝德时，多了程序与沉重。在当代，随着经济发展以及人们思想观念的转变，对父母的行孝方式也开始从现实出发，由烦琐转为简化，由束缚转向自由，由呆板转为多样，不再追求烦琐的礼仪和不近人情的形式。孝行是应然的，而不是必然的。在思想认识、行为习惯和价值观方面人生而不同，这也就意味着在尽孝方式上人与人之间不应主张一成不变。大学生有充分的权利选择以什么样的行为和方式表达自己的孝心，而不再受到过多的条条框框的束缚。当然，这种自由也是有限度的，应当建立在一定的标准约束之下。

当代大学生孝德趋于自律性：第一，行孝要合法。不论处于何种境地，孝德行为一定要合法。某些官员为了体谅父母一生的操劳，为了让他们过上好日子，而走上了贪污腐败之路，大肆敛收不义之财，表面上看他是为了尽孝，让父母过上好日子，实则是对社会、国家的大不孝，而一旦他们受到法律的制裁，父母也会因为他所谓的“孝心”受到伤害。这种损人不利己的孝德行为，作为大学生应当引以为戒，只有在合法的范围内对父母尽自己力所能及的孝心，才能算是真正的行孝。第二，行孝要尊重父母。尊重父母就是要对父母报以理解与体谅之心，并全力支持他们去实现那些他们自己所做的既合法又合理的决定。当前社会，孝德的践行不仅仅指在物质上奉养父母，更重要的是要在精神上尊重父母。父母最需要的是大学生对他们的关心与陪伴，一句简单的问候，一天的陪伴，远远比花钱给父母买很多营养品要贴心得多。第三，行孝不能盲目顺从。传统孝德强调子女对父母“顺则为孝”，要求子女对父母要言听计从。而在当代大学生孝德培育中，这一观点一定要辩证地使用。对于父母给予的建议或者决定，合理合法的要听，如果明知是错误的、违背国家法律的或与社会规范不相符的，就不能盲目顺从。大学生还要对父母进行耐心地劝解，帮助父母认识到自己决定的错误之处。既不盲从，又不粗暴地指责、干涉，而是以一种充满关心与商量的方式去实现和父母意见的一致。

三、要求尽孝更讲究人性化

随着社会的变迁，人们生活方式的转变，也带来了思想观念上的改变。与父母辈相比，当代大学生在尽孝理念上就已经有了很明显的差别，他们更倾向于灵活且富含人性化的尽孝方式。首先，与传统的共同居住、随侍在侧相比，当代大学生往往更倾向于“空间分离，亲情不分离”的现代尽孝模式。由于物质条件的日益丰富，当代社会的子女与其父母大都是分开居住的，这并不意味着子女与父母是完全独立的。子女只是在空间上与父母相分离，但是彼此之间的亲情联系却并未割断。大学生认为，“父母在，不远游”的传统孝道要求父母在世时，子女须尽量不远行、不登高、不临深，因为不出意外才能尽赡养之责，随时陪伴在身边。但现在交通方便、科技发达，节假日也有很多时间可以回家和父母团聚，平时也可以通过网络与父母视频聊天，可以给父母精神上的慰藉。而相较于传统的共同居住，这种现代尽孝模式可以很好地规避两代人因生活方式的差异而导致的生活小摩擦，因而广受亲子双方的欢迎。与传统的亲力亲为尽孝不同，当代大学生对于由社会机构代己尽孝的方式也比较认同。多数当代大学生对尽孝于父母没有任何异议，但是，他们也赞同孝敬父母不一定事事都要亲力亲为，可以借助一些专门的社会机构来帮助自己尽孝。社会在进步，家庭结构也在改变。传统多代同堂家庭逐渐消失，独生子女家庭比较多，由于工作等原因他们难以独自承担生活上日常照料多个老人的重担，更倡导依靠社会养老机构提供养老服务，摆脱有心尽孝却身不由己的尴尬境地，转而有足够的时间和精力去追求自己的事业，同时又能照顾好父母。随着时代的变化，老年人因居住地、经济水平、身体条件、精神状况、居住形态的不同，其养老需求也存在差异，尽孝方式应以老年父母的现实境况和养老需求为导向。此外，在现代社会，多数成年子女面临个人发展、抚育子女、赡养老人的多重压力，全方位行孝可能力不从心。因此，在充分考虑父母需求的同时，子女行孝也要更加人性化。

现代家庭关系变得更加和谐融洽，父母与子女的关系也更为独立自主。全球化趋势的日益明显，对我国社会与家庭结构的双重改变产生了深刻影响。加之，西方社会追求民主、自由、平等以及个人本位等价值观念的不断渗透，使得当代大学生不论是在价值取向还是行为习惯上都更趋自主化，而传统孝德中的糟粕在他们这里早已被摒弃。他们渴求获得长辈们对其自由意志与人格的尊重，希望亲子间的关系是处于平等状态的。他们奉行“我的人生我做主”的人生信条，要求对自己的人生掌握控制权，拥护恋爱自由，偏爱根据自我喜好去选择职业。当代大学生对过去那些充满守旧意味的愚孝方式，诸如“绝对服从父母”“不孝有三、无后为大”以及不能直呼或是沿用长辈名讳等也不再绝对认同与服从。调查显示，大多数大学生认为，当今社会已经不同于以前，所谓“有后没后”的说法已经不符合当今时代要求。生育后代与传统的孝德没有多大关系，只是成年人表达爱的一种方式而已，是为了使自己的人生更加完整，体验为人父母的乐趣和责任，是自我情感的需要和寄托，是家庭稳定和幸福的源泉。随着社会的向前发展，大学生已经摒弃传统的愚孝方式，取而代之的是现代孝德观念。

第二节　当代大学生孝德教育的重要原则

处于文化多元化和价值多样化的社会环境中，高校德育工作也开始围绕人的思想状况开展教育活动。大学生孝德教育要依据思想政治教育基本原则，为教育活动提供明确的价值取向，这是当代教育客观规律的必然要求。教育目标的实现不是一朝一夕的，遵循科学合理的教育原则，是提高当代大学生孝德教育成效的客观要求。当代大学生孝德教育必须综合考虑和坚持以下重要原则。

一、坚持批判性与继承性相结合

中华文化博大精深，绵延不绝，历经五千年历史进程并不断创新发展。马克思指出：“人民自己创造自己的历史，但是他们并不是随心所欲地创造，并不是在选定的条件下创造，而是在直接碰到的、既定的、从过去承继下来的条件下创造。”[1] 中华优秀传统孝德根植于中华灿烂文化的肥沃土壤，是在继承优秀传统道德规范、价值观念的基础上和长期的生活实践中逐渐形成的，是我们民族和国家历史发展的深厚积淀，具有浓厚的历史传承性。中华优秀传统孝德以其独特的民族精神和时代价值得以传承，并深刻影响着当代中国人的精神世界、价值观念。学者贾效明指出，它影响着人们的思想观念，规范着人们的行为方式，激励人们积极进取、奋发图强，因而必须不断传承，将其发扬光大。[2] 由于历史的局限性，中华优秀传统孝德在形成过程中存在着两面性，既有唯物主义真理性思想精华，也存在着唯心主义的糟粕杂质。我们要以科学的态度和辩证的眼光审视传统孝德，继承传统孝德的思想精华和积极因素，批判传统孝德的糟粕杂质和消极因素，更好地传承和发扬孝德文化价值。当前全球化深入发展，世界各国文化间吸纳排斥、融合斗争、渗透抵御更加激烈。面对时代变化的新形势，在开展孝德教育过程中，对待中华优秀传统孝德，既要坚持其继承性，尊重本民族价值传统，保持民族文化自信，也要以发展的眼光、开放的心态适应新时代的发展需要。

批判性与继承性相结合是马克思主义的基本观点。在推进当代大学生孝德教育的过程中，对待传统孝德文化要坚持批判性与继承性相结合的原则，既不能脱离本民族优秀传统文化的基础，又不能离开时代发展的现实土壤。中华文化之所以博大精深、源远流长，形成了独具民族特色的思想文化、精神风貌、传统美德，一方面在于中华文化所特有的包容性，在交流碰撞中吸收借鉴其他民族文化的积极成分和合理因素；另一方面也在于中华文化所具有的继承性，在中华民族历史中继承和发展，形成了厚重的文化底蕴和强大凝聚力。中华文化历经时代变迁而独领风骚、独树一帜，具有熠熠生辉、永不褪色的时代价值，已经成为中华民族屹立于激荡时代的文化根基。我们要认真对待中华优秀传统孝德，使其获得创造性转化和创新性发展。正如习近平总书记所强调：“要把优秀传统文化的精神

[1]《马克思恩格斯选集》(第 1 卷)，人民出版社 2012 年版，第 669 页。

[2] 贾效明：《中国传统文化与思想政治工作融合论》，中共中央党校博士学位论文，2016 年。

标识提炼出来、展示出来，把优秀传统文化中具有当代价值、世界意义的文化精髓提炼出来、展示出来。”[1] 首先，要合理运用中华民族丰厚的孝德文化积淀，用鲜活有力、真实感人和有理有据的孝德故事教育学生、启迪思想，使其成为凝聚大学生思想的精神向导和有力支撑。其次，要正确认识孝德文化在中华文化中的重要地位，充分实现中华优秀传统孝德文化的精神内涵和时代价值。要在契合时代发展中把握优秀传统文化，推进大学生传统孝德文化学习。最后，学习中华优秀传统孝德的积极因素，善事父母、敬亲孝亲等观念依然具有时代价值，我们要积极弘扬和传承。但是，也要认真鉴别传统孝德中的封建糟粕思想，如“三从四德”“不孝有三，无后为大”等愚孝思想，将之坚决摒弃和杜绝。

二、坚持主体性与客体性相结合

学者张耀灿指出，人都是有主体性的，好的教育教学应当体现为教育共同体中的互为主体性。[2] 在思想政治教育过程中，要正确处理教育者和受教育者的关系，必须坚持主体性和客体性相结合的原则。在过去的教育活动中，我们比较倾向于坚持以受教育者为客体，对受教育者采取以思想灌输为主的教育方式，教育效果是有限的。在开展大学生孝德教育的过程中，我们倡导作为受教育者的大学生积极自觉将客体性转化为主体性，也就是大学生在接受教育的过程中，要充分发挥自身主体的关键作用。教育者通过启发、引导受教育者内在的教育需求，创设和谐、宽松、民主的教育环境，有目的、有计划地组织、规范各种教育活动，从而把教育对象培养成为独立自主地、自觉能动地、积极创造地进行认识和实践活动的社会主体。一句话，教育的主体性是要善于发挥教育活动参与者的主体性，激发教育活动参与者的自主性、积极性、能动性和创造性。人是一切孝德行为活动的主体，在孝德教育过程中发挥了关键性的主体作用。在教育实践过程中，人既是教育主体，也是教育客体，高校孝德教育过程本质上是孝

[1]《习近平谈治国理政》(第3卷)，外文出版社2020年版，第314页。

[2] 张耀灿：《深化对思想政治教育学科特点和研究方法的认识》，《学校党建与思想教育》2019年第23期。

德教育施动者与孝德接受者之间的互动过程。我们在开展孝德教育的过程中，要坚持教育者施教的主体性以及受教育者受教的客体性。

在孝德教育过程中，作为教育者的教师在施教过程中固然要发挥主体性，但是受教育者在学习过程中也需要发挥学习的主体性。孝德教育的根本目的是要发挥大学生主观能动性，在培养其自觉性、积极性和创造性等方面下功夫，才能更好地培养他们的孝德意识、情感和行为能力。在开展大学生孝德教育的过程中，必须以人为本，重视发挥人的主体性作用。既要坚持教育者主体性原则，也要尊重受教育者的主体性，要充分发挥大学生的主体性作用，特别是通过提升大学生的孝德认知、认同，来增强其孝德的自觉性。在马克思人学思想中，主体性是人作为活动主体的质的规定性，是在与客体相互作用中得到发展的人的能动性、主动性和自为性。[1]在孝德教育过程中，要尊重大学生的主体性地位，充分发挥大学生自我教育的积极性、主动性、自觉性，使大学生自觉趋向认同、学习和践行高尚道德行为。其次，开展孝德教育时，要注意准确把握大学生思想特征，做到教育有方，精准施策。大学生的思想行为往往容易受到内在思想与外在行为刺激的共同影响，从而发生改变。这也要求教育者要准确把握大学生的思想特点、内心困惑，有目的、有计划和有针对性地开展孝德教育实践活动。最后，孝德教育需要遵循大学生思想教育规律，依据大学生的思维认知层次进行，从而有针对性地引导大学生把握孝德精神内涵，增强孝德意识和孝德情感。

三、坚持立德树人与全面发展相结合

立德树人是高校培养人才的根本任务。在大学生孝德教育过程中，教育者自身要树立品德行为，给学生做榜样，实现培养学生的目标。高校承担立德树人教育任务的是教师。师者，传道、授业、解惑者也。教师不仅要教会学生知识，还要教会学生如何做人，教学生成为一个什么样的人。当今中国社会正处在大变革、大调整、大变化的时期，我国高校德育教育也出现了一些问题。当代大学生受到多方面不良因素的影响，出现了思想

[1] 袁贵仁：《马克思的人学思想》，北京师范大学出版社 1996 年版，第 103 页。

道德与行为规范上的不足。部分大学生对于孝德精神的认识有所曲解，孝德品质有所缺失，缺乏家庭责任心和社会责任感。全国政协副主席、民进中央常务副主席朱永新指出，轰轰烈烈的素质教育依然是轰轰烈烈，扎扎实实的应试教育依然是扎扎实实。他认为，由于缺乏和素质教育以及新课程改革相配套的评价机制，缺乏有效的考试方法，我们的学校和老师依然为分数而教、为分数而学。现行考试评价制度不但没有起到应有的推动素质教育改革和课程改革的作用，反而在发挥着破坏性的作用。对考试和评价制度的变革已经成为当今中国教育的一项非常紧迫的任务。[1] 新时代呼唤新德育，要适应新时代的人才培养需求，以立德树人为根本任务，培育具有中国精神、世界胸怀的现代公民。俗话说："十年树木，百年树人。"教育是最根本的事业，高校要贯彻立德树人的教育理念，提高教师的思想素质和专业素养，对大学生进行正确的思想引导和行为示范，培养大学生正确的孝德意识、孝德情感，潜移默化地影响学生。古语有云，"亲其师，则信其道；信其道，则循其步"。高校教师是大学生的旗帜，教师只有做好榜样示范作用，才能以德服人，对学生产生积极正面的影响。

全面发展是一种教育理念，指的是人的全面发展，人要实现德智体美劳各方面全面发展。在教育教学过程中，对学生实施全面发展教育，把传授知识与培养品德、传授知识与发展能力、心理发展与身体发展等多方面有机地结合起来，全面实现教育目标。孝德是道德教育的源头和基础，孝德是中华传统道德体系中的核心理念与首要精神，是其他一切美德的基础。孝德是大学生为人处世的基本原则与道德规范，更是大学生人格健全、品德高尚的衡量标准，实现大学生的全面发展，培养大学生孝德修养必不可少。高校要贯彻立德树人的观念，不仅要重视对学生的专业知识教育，更应该重视对学生的品德培养。随着社会发展，社会竞争日趋激烈，对人才的要求也越来越高，除了具备广泛知识、熟练技能，还需要具备较高的综合素质，这是社会发展的要求，也是高等教育人才培养的目标。要培养符合自身发展要求和社会需求的综合素质能力高的新时代大学生，要求大学生实现全面发展。所以，大学生除了具备扎实的专业知识，也需要具备良好的道德素质。提高大学生的道德品质，要以孝德教育为切入点。

[1] 朱永新：《考试不改　教育难兴》，《中国青年报》2012 年 5 月 14 日。

通过培养大学生敬亲孝亲、知恩感恩、自尊自爱、责任担当等道德品质，促进大学生的健康成长和全面发展，使大学生成为担当民族复兴历史重任的时代新人。高校是培养社会主义建设者和接班人的主要阵地，要坚持以马克思主义为指导，以培养有理想、有道德、有文化、有纪律的公民为目标，促进大学生德智体美劳的全面发展。

四、坚持显性教育与隐性教育相结合

显性教育是指通过有组织的、有计划的、直接的、外显的教育活动使受教育者自觉地受到影响的有形的教育。显性教育是日常生活中接触到的最为明显的教育类型，在教育中发挥重要作用。当代大学生孝德教育若能够充分融入显性教育中，势必会产生良好的教育成效。孝德教育内容属于社会意识的基本范畴，必须通过一系列丰富多样的显性教育方式，依托特定的载体平台完成，是高校思想政治教育的重要内容。大学生孝德教育作为一种特定思想和价值观念的教育活动，必然要坚持理论灌输和理论说服的显性教育方式。在学校教育中，往往通过课堂教学开展显性教育，有着明确的教育目标、教学过程和教学设计。在学校课程教学中，通过思想政治理论课堂教学，直接灌输孝德的相关内容，使学生掌握孝德理论。还有一些学校开设了孝德教育专门课程，包括必修课或选修课，专门讲授传统孝德文化知识，引导学生深入学习中华优秀传统孝德，理解掌握社会主义孝德内容，准确把握孝德规范和孝德要求。还可以通过目标明确、系统深入、层次递进的理论讲解、理论宣传、讲座研讨等方式，对大学生进行孝德理论教育、孝德思想价值引领，帮助大学生树立正确的孝德认知，强化孝德意识，这些都是孝德显性教育的显著优势。但是，我们也应当注意到，当代大学生的思想行为特点和接受知识方式发生了变化，仅仅依靠显性教育的手段已经无法满足现实教育的需要，难以达到教育效果。我们需要不断改进显性教育方法，挖掘隐性教育方法，实现显性教育与隐性教育相结合，共同促进大学生孝德教育的有效开展。

大学生孝德培养不仅是外在行为的显性变化过程，也是一个思想认识的隐性变化过程，隐性教育也是大学生孝德教育的重要方法和手段。通过“润物细无声”的隐性教育方法，使孝德教育时时都在、处处都在，学生沉浸其中，无形中受到熏陶和影响，内心逐渐发生变化，达到提高大学生孝德意识的效果。隐性教育虽然是没有明确目的、周密计划的教育教学活动，但其渗透性强、潜移默化的特性，对于思想道德教育而言能够发挥更好的效果。在隐性教育中，环境对学生的影响力是不容忽视的。在开展大学生孝德教育的隐性渗透过程中需要注意：首先，树立全员参与、全过程影响、全方位施力的教育理念。在孝德教育的教学过程中，通过“课程思政”的形式将孝德教育的内容融入不同门类的课程教学中，探索“思政课程”与“课程思政”的有机融合，推动“思政课程”与“课程思政”的同向同行。其次，要认识孝德教育的长期性、持续性，坚持将孝德内容渗透到教育教学活动全过程。价值观的培养不是速成的，需要在长期的渗透教育中形成认可认同。通过学校文化景观、校园文化活动、校园雕塑等校园文化，对大学生进行隐性教育和渲染，可以引起学生道德情感共鸣。还有学校校风校训、管理制度等内容以及学校教育工作者的工作方式方法都能对学生形成隐性的教育。最后，要准确认识大学生思想的层次性、多元化、多样性的特点，有计划、有层次地确立孝德教育目标，实施正确的孝德价值观教育。显性教育是以直接的方式教育学生，隐性教育是以间接的方式教育学生，在大学生孝德教育过程中，我们需要坚持显性教育和隐性教育相结合，才能够达到双管齐下的效果。

第三节　当代大学生孝德教育的主要方法

教育家苏霍姆林斯基认为，人的个性是一种由体力、智力、思想、情感、意志、情绪等炼成的最复杂的合金，不了解这一切就谈不上教育。社会存在的复杂性、社会主体的多样性、主体需求的差异性，必然会导致意识形态在发展过程中呈现多样性、多层次性和不平衡性。[1] 大学生孝德教

[1] 邓卓明、税强：《论引领社会思潮的五大路径》，《马克思主义研究》2014 年第 5 期。

育活动，需要针对学生的思想实际、个性特征和精神需求，并结合学生对孝德的认知、情感、意志、信念等心理要素，采取符合学生发展的教育方法。在大学生孝德教育活动过程中，我们应采取理论教育法、隐性教育法、启发教育法、实践教育法等行之有效的教育方法。

一、理论教育法

理论教育法作为实现思想政治教育目标的最基本、最常用的教育方法，是我们党在长期革命建设实践中形成的，对于改造思想、强化引领、塑造灵魂具有重要作用。毛泽东曾指出："不同质的矛盾，只有用不同质的方法才能解决。"[1] 解决人民内部的矛盾，只能用民主的方法、讨论的方法、说服教育的方法，不能用对待敌我矛盾的方法。理论教育法也叫理论灌输法或理论学习法，是教育者与受教育者有目的、有计划地进行马克思主义理论学习、培训、教育，树立正确世界观、人生观、价值观的教育方法。[2] 理论教育法，也称为说理教育法，其实质是以理服人。马克思指出："批判的武器当然不能代替武器的批判，物质力量只能用物质力量来摧毁；但是理论一经掌握群众，也会变成物质力量。理论只要说服人，就能掌握群众；而理论只要彻底，就能说服人。所谓彻底，就是抓住事物的根本。而人的根本就是人本身。"[3] 理论教育法主要以说理为核心，强调说理的彻底性。这种教育方法以马克思主义灌输论为依据，核心是要以理服人，通过摆事实、讲道理的方式引导人们认识思想理论，解决人们的思想认识问题。说理教育过程中虽然强调"以理服人"，但说理教育法并不必然排斥情感因素。[4] 理论教育以说理为着力点，在讲清、讲透、讲好道理的基础上，动之以情，晓之以理，才能引起学生的情感共鸣。但是还需要注意的是，理论教育法虽然也强调理论灌输，但是并不是"填鸭式"灌

[1]《毛泽东选集》(第 1 卷)，人民出版社 1991 年版，第 311 页。

[2] 郑永廷：《思想政治教育方法论（修订版）》，高等教育出版社 2010 年版，第 128 页。

[3]《马克思恩格斯文集》(第 1 卷)，人民出版社 2009 年版，第 11 页。

[4] 佘双好：《从说理教育到心理疏导——思想政治教育方法的发展》，《思想理论教育导刊》2011 年第 7 期。

输，不是简单机械地灌输。有的教育者不善于借助多媒体、网络手段，习惯于唱“独角戏”，搞“一言堂”，这种简单生硬的灌输方式很难为学生所接受。借助图解式、场景式、互动式等教学形式，推动理论灌输与信息技术深度融合，从形式到内容都要努力贴近时代、贴近学生，才能撬动学生心灵、激起学生共鸣。

新形势下，坚持理论教育法是开展大学生孝德教育的重要方法。为了开展好大学生孝德教育活动，理论教育法要坚持理论与实际相结合、坚持具体问题具体分析以及讲究理论教育的艺术，才能有效增强思想政治教育的实效性。陈万柏、张耀灿指出，理论教育法主要包括理论讲授、理论学习、理论培训、理论研讨、理论宣传等具体形式。[1] 运用理论学习、理论宣传等方式，使学生乐于和善于接受理论教育，提高学生理论思维能力以及认识和改造世界的能力，防止和克服学生的逆反心理。第一，通过理论教育法，对理论知识进行正面的灌输和传播，从而实现教育目标和教育功能。开展孝德教育的过程中，要对大学生进行思想观念、道德规范和孝德理论等内容的正面、系统地灌输，使教育最大程度地发挥理论灌输的积极作用。理论灌输仍然是当前加强政治引领和强化价值引导的主要方法，教育者在进行理论灌输时必须讲究方式方法，避免引起学生的内心反感。第二，通过理论教育法，可以最大程度地激发大学生的积极性和主动性。以往过于倾向理论灌输的单向性、被动性，而当前的教育环境变化要求理论教育要实现双向交流、互动学习，营造教与学双方交流对话的良好氛围。教师要创造师生双方对话交流的教学情境，引导学生从被动接受理论转化为主动学习理论，调动学生学习的主动性、积极性和参与性。第三，运用理论教育法，需要紧密结合大学生的思想实际、生活情况和情感需要。大学生是有思想、有情感、有个性的个体，理论教育过程中要结合学生的思想实际和情感需要，才能够使理论知识触及学生的内心深处，更好地发挥理论教育方法的实际效果。

[1] 陈万柏、张耀灿：《思想政治教育学原理（第 3 版）》，高等教育出版社 2015 年版，第 221 页。

二、隐性教育法

教育方法作为一种手段，其变化取决于教育者、教育对象及教育环境的变化。当代大学生在意识上更加自主，思想上受多元文化影响，传统的显性教育法虽然取得了一定成效，但是也存在一定的不足。孝德教育需要采取隐性渗透方式，对大学生造成潜移默化的影响。学者骆郁廷指出："隐性教育法是指思想政治教育的目标、内容、方式、教育者等要素隐性化，使教育对象在不知不觉、潜移默化中受到教育、感染和转化的方法。"[1] 隐性教育法指的是教育主体、教育内容、教育目的都具有隐含性，依托生动活泼、喜闻乐见的形式、载体渗透在受教育者的日常生活中，使受教育者在不知不觉中受到潜移默化的影响，发挥润物细无声的作用。我国古人很早就重视"潜移默化"式的教育方法，即隐性教育法。战国时期孟母三迁的历史故事，从环境熏陶的角度肯定了隐性教育的合理价值。隐性教育法与显性教育法相比，主要运用于教育对象的日常生活领域，渗透于教育对象的成长过程和具体环境之中，拓展了教育活动的时空维度。隐性教育具有教育目的和内容的隐蔽性、教育过程的愉悦性、教育途径的开放性、教育接受的自主性等特点。这种教育方法明显区别于显性教育，注重发挥环境的作用，实现思想政治教育培养目标，是一种受教育者在心理上并未察觉的无意识教育方式，是在无形中对受教育者实现感化、熏陶的教育方法。这种教育方法也需要充分尊重学生的主体性需要，将学生易于接受的教育内容与教育形式结合起来，实现教育效果最大化。运用隐性教育法，可以纠正忽视学生思想品德形成发展规律、过分偏重政治学习和单向灌输等倾向，创造全方位、全天候的渗透式德育方法，启发学生的自我体验、自我感悟、自我反思，加深学生对道德情感的体验和道德行为的思考，实现对学生的思想情感引导和价值观培养。

隐性教育法无论在什么时代、什么条件下都是思想政治教育的一种特殊且最有效的教育形式。从隐性教育法的特殊性可以知道，其具有潜隐性等特点，往往在课堂教学之外，可以充分发挥家庭教育、学校教育及社会

[1] 骆郁廷：《思想政治教育原理与方法》，北京师范大学出版社 2019 年版，第 215 页。

教育中的隐蔽教育因素。在开展孝德教育时，运用隐性教育法，将孝德教育内容渗透到大学生所处的文化、制度、管理等日常生活氛围中，引导大学生去感受和体味孝德魅力，使大学生潜移默化地接受孝德教育，增强孝德意识、认同孝德内容、接纳孝德行为。学校可以发挥的隐性教育因素及形式多种多样，对大学生孝德教育具有广泛的渗透性，强调情感性、意志性、无意识接受，有时候甚至比显性教育有更深刻的影响力。隐性教育的渗透性意味着可以融入一切教育和社会活动之中。隐性教育不仅可以充分利用学校制度文化、物质环境以及教育工作者的人格和行为，还可以利用外在的课程、文化等方面的影响力。学校隐性教育可以利用学校校风校训、校园文化景观、校园文化活动等形式，营造一个崇德向善的校园文化氛围，使大学生在无形中受到孝德的精神影响。还可以通过参加社会实践活动、孝德文化活动、参观孝德实践基地等方式，引导大学生在实践体验中感悟孝德的力量。在孝德教育过程中，采用隐性教育法不拘形式，通过设置孝德情境和渲染孝德文化，使大学生获得愉悦感、满足求知欲，也受到思想感染和熏陶。在开展大学生孝德教育的过程中，可以以灵活多样的隐性形式，把孝德教育内容渗透到学生的学习环境、生活环境之中，使受教育者在不自觉中受到熏陶、受到感染，有效地避免教育过程中学生的逆反心理，实现更为显著的教育效果。

三、启发教育法

启发教育法其实就是启发式教学法，根据教育目标、内容以及教育对象的知识水平和知识规律，运用多种教育教学手段，启发诱导式向教育对象传授知识、培养能力，促进教育对象身心发展。启发教育法不仅是一种教育理念，也是一种教学方法。启发式教育最早出自我国春秋战国时期的思想家、教育家孔子，他很重视循循善诱的启发式教育教学方法。正如《论语·子罕篇》中提出："夫子循循然善诱人，博我以文，约我以礼，欲罢不能。"颜渊说孔子善于有步骤地引导学生，用各种典籍来丰富学生的知识，用各种礼仪来规范学生的言行，使学生不想停止学习，直到用尽了全力。《礼记·学记》中也有"善喻"的阐述："道而弗牵，强而弗抑，开而弗达。"意思是说，教学不是直接灌输知识，而是创设情境让学生思考、感悟、发现，从而得到举一反三的教学效果。儒家思想倡导营造良好的教育氛围，依靠启发诱导的教育方式，循序渐进地启发学生，增强学生的求知欲望，提高学生的知识水平。历朝历代大多尊崇孔子为圣人，继承和发扬孔子的启发式教育法。苏格拉底是西方最早倡导启发式教育的教育家，他把教师比喻为“知识的产婆”，把这种方法称为“精神助产术”。他认为，教师的作用在于引导学生寻找、体会、理解、掌握、建构知识，帮助学生发现存在于内心世界的真理。启发教育法放之四海而皆准，适应古今、适用中外，具有广泛的适应性。《中华人民共和国义务教育法》第三十五条指出：“国家鼓励学校和教师采用启发式教育等教育教学方法，提高教育教学质量。”在国家法律中单独提出了启发教育法，说明其是具有典型性、代表性和不可替代性的教育教学方法。启发教育法应该成为教育教学过程中的基础方法和教学准则。

在开展教育的过程中，运用启发教育法需要紧密结合大学生的思想实际和现实问题。现代心理学证明，人的思维发展有一定的层次性和阶段性，应依据不同层次和阶段特点循序渐进地实施启发诱导教育。[1]当前，随着经济社会发展，受到多方面因素的影响，部分大学生存在孝德认知模糊、孝德意识不强、孝德知行脱节等急需解决的现实问题。由于我国长期以来，不论是专业知识教育还是思想道德教育，往往习惯于以“填鸭式”、灌输式教育方法为主，师生双方缺乏平等的情感交流和循序渐进的适时启发，导致道德教育的效果并不明显。在开展孝德教育的过程中，要改变以往的教学方式，关注师生双方情感上的平等交流，教师加强适时的启发诱导，促进学与思有效结合，提升大学生的主动求知热情，是今后开展孝德教育的重要方向。启发教育法是全员适用的，无论是对于学生，还是对于教师，都可以适用这个方法。运用启发教育法，通过由外而内、由远及近的教育方式，使大学生从思想上接受孝德教育思想，从行动上产生积极的孝德行为。一方面，在孝德内容教学中，通过旁征博引、深入浅出的方式，使大学生易于理解孝德教育内容，在和谐的氛围中启发学生的思考。另一方面，要把握正确的启发机会，创造双方平等的情感交流情境，引导大学生积极主动地思考。在孝德教育过程中坚持启发教育法，对于提高大

[1] 黄钊：《中国道德文化》，湖北人民出版社 2000 年版，第 479 页。

学生孝德实践的主动性，启发大学生孝德思考，提升大学生孝德教育效果具有重要意义。

四、实践教育法

学者骆郁廷强调："实践教育法，是指教育者通过组织、引导受教育者参与各种实践活动，使教育对象在实践中感受和体验并进行'知行'转化的方法。"[1] 简单地说，实践教育法是通过社会实践对人进行教育的方法，也称为实践锻炼法，是思想政治教育的基本方法之一。实践是马克思主义首要的和革命的观点。马克思在《关于费尔巴哈的提纲》中指出："哲学家们只是用不同的方式解释世界，问题在于改变世界。"[2] 实践是人类把握世界的一种基本方式，在实践中建立人与世界的关系，以此审视思想政治教育实践教育法。实践教育法并不是随心所欲地选择实践活动，而是为了实现教育目标，有组织、有计划、有针对性地引导人们积极参加各种实践活动的方法，以达到不断提高人们思想觉悟和认识能力的目的。实践教育法的形式各式各样，包括参观访问、专业实习、专题调研、志愿服务活动等，这些方式都是大学生接受思想政治教育的重要途径。在运用实践教育法时需要注意，根据教育对象的思想状况和实际需要，灵活地选择各种适当的实践教育形式，是思想政治教育取得成功的关键。在教育过程中，要通过实践教育法，积极组织和引导大学生参加社会实践活动，使大学生在社会实践中丰富理论认识的内容，了解社会实际，开阔人生视野，实现人生价值。

实践教育法对于大学生孝德教育具有特别重要的意义。实践教育法具有独特的优势，它把深刻的孝德观念、抽象的孝德规范具体化到大学生的日常实践活动中，使大学生受到潜移默化的熏陶和感染。在对当代大学生进行孝德教育的过程中，我们要运用实践教育方法，使大学生在理论学习和实践中实现孝德的知行合一。纸上得来终觉浅，绝知此事要躬行。大学生具有较高的理论水平，接受的孝德理论教育也比较多，基本上不缺少理

[1] 骆郁廷：《思想政治教育原理与方法》，北京师范大学出版社 2019 年版，第 207 页。
[2]《马克思恩格斯选集》（第 1 卷），人民出版社 2012 年版，第 136 页。

论学习的机会。但是，大学生往往比较缺乏实践锻炼的机会，缺少孝德实践活动的感悟。高校要积极组织和引导大学生参加各种孝德社会实践活动，使大学生对于孝德有更加切身的感悟，增强教育的效果。在大学生孝德的实践教育过程中，要以孝德教育的内容和目标为导向，结合大学生思想发展变化的实际状况，组织开展丰富多彩的孝德实践教育活动，吸引大学生积极主动地学习孝德，感悟孝德的精神力量，避免孝德教育活动的抽象性和空洞化，从而增强孝德教育的实效性。开展大学生孝德的实践教育形式是多种多样的，可以利用春节、端午节、重阳节等传统节日的契机，组织开展孝亲敬老志愿服务活动、感恩父母践行孝心社会实践活动、社会孝德专题调研等主题实践活动，使孝德从理论走进生活实践。通过组织实践教育活动，有助于大学生将孝德的理论与实践结合起来，增强大学生的孝德情感体验，促使其自觉主动地践行孝德。

第四节　当代大学生孝德教育的主要内容

大学生正处于思想价值形成的特殊阶段，对于道德的认知与接受能力较强，完善大学生人生成长成才阶段的孝德教育内容很重要。当代大学生孝德教育的内容选择应侧重在敬亲孝亲教育、自尊自爱教育、知恩感恩教育和责任担当教育四个方面，增强大学生的孝德意识、孝德情感，自觉培养其孝德行为能力。

一、敬亲孝亲教育

敬亲孝亲教育是大学生孝德教育的重要内容，主要强调对父母和长辈心怀感恩之心、孝敬之意。对父母长辈养育之恩必须心怀恩情，对长者谦恭孝顺，都是孝心的体现。随着中国特色社会主义事业的不断发展，中华优秀传统孝德愈发显现出时代价值。我国进入新时代以来，面临着愈加严峻的人口老龄化问题，推进孝德教育是解决人口老龄化问题的必然要求。敬亲孝亲是传统孝德的基本要求，要求对父母孝敬与赡养，满足父母物质需求与精神需要。这一传统观念直到今天依然没有过时，充分体现了中华优秀传统孝德对中国人行为观念的深刻影响。古语曰："养可能也，敬为难。"人们能做到赡养父母，但是孝敬父母却比较难，不一定都能做到。如果只是能解决父母的温饱问题，不能做到满足父母精神上的愉悦，没有做到孝敬父母，那和饲养动物有什么区别呢。孔子告诫人们赡养父母只是作为子女、作为人最基本的要求，更重要的是要孝敬父母。著名学者殷海光指出，在中国社会文化中，长老一直占据着非常特殊并且重要的位置。老人就是父亲意象之活生生的发祥地，而且老人的地位与权利又因为父亲意象而得以加强、巩固。[1] 敬亲孝亲是封建社会维系家族内部和谐、维持社会稳定与巩固封建政治统治的重要伦理道德规范。封建统治阶级也意识到，一个人如果在家里能做到孝亲敬长，那么在社会中自然也能做到忠君爱国。封建时代倡导传统孝德，极大地维护了封建统治制度的合理性。随着时代变化，封建时代所遗留的一些腐朽孝德思想已经不适合当今社会发展，必须摒弃传统孝德的思想糟粕。但是，敬亲孝亲的优秀孝德思想历经沧桑却永葆时代精神本色，值得当代大学生不断弘扬和传承。

由于多方面因素，不少大学生与父母存在代际鸿沟，往往容易因为学业或生活问题与父母发生矛盾冲突，无法做到与父母愉快地沟通事情，不懂得理解体谅父母。还有一些大学生由于独立自主意识比较强，在与父母沟通时固执己见，不听从父母善意的意见。有些大学生从小事事由父母做主，顺从父母，没有独立自主的能力，造成长大后物质上和精神上过度依赖父母，影响个人的成长。这些情况都是家庭亲子关系引发的一些问题。作为子女不仅要物质上赡养父母，还要让父母精神上愉悦，从内心上敬爱父母。大学生要做到与父母和谐相处，家庭和睦融洽，有事情的时候主动与父母沟通，要听从父母长辈的建议。但是，需要注意的是不能沿袭"愚孝"思想，一味听从父母的过分要求，父母也应当注意，尊重子女的人格自由和尊严。在子女择业、择偶等方面，父母需要充分尊重子女的想法和自主意愿，不应严格限制子女自由，违反社会人性思想。新时代大学生的

[1] 殷海光：《中国文化的展望》，中国和平出版社 1988 年版，第 140 页。

孝德教育，应从敬亲孝亲出发，剔除传统孝德糟粕部分之后，传承传统孝德精华内容。我们倡导大学生要有敬亲孝亲意识，当与父母发生意见冲突的时候，应当以平和的态度与父母沟通，阐述自己的想法。大学生不能与父母发生冲突，同时也不能一味地“愚孝”，才能维持家庭的和睦。倘若大学生连对待父母长辈都没有做到孝敬，对待他人也更加难以做到。高校要正确对大学生灌输敬亲孝亲思想内涵，改善大学生与父母相处的态度。加强大学生日常的孝德实践体验，使大学生在实践学习中深化敬亲孝亲意识，养成尊亲敬老的行为习惯。

二、自尊自爱教育

孝是直面生命本身的一种伦理价值观念。自尊自爱首先要关心爱护自己，重视生命的价值，尊重自己，才会得到他人的爱护和尊重。尊重自己、爱护自己是中华传统美德。自尊自爱教育是要引导大学生树立正确的生命观，珍惜自身身体健康与生命安全。知恩图报，珍爱生命。子孙对父祖所给予的生命和身体有传承爱护的责任。这种责任既体现在生儿育女的生命延续中，又体现在敬身爱体的生命爱护中。生命是父母给予的，子女有传承父母生命的天然义务，而身体则是生命赖以存在的载体，所以对身体的敬爱护养是知恩图报、不忘其亲的表现。《孝经·开宗明义章》强调：“身体发肤，受之父母，不敢毁伤，孝之始也。”这就告诉我们，对父母最基本的孝顺是要珍惜自己的身体，不能随意损害自己的身体健康，使父母伤心难过。孝顺父母、感恩父母，最基本的是做到珍惜爱护自己的生命。珍爱生命是孝德的最基本要求。我们的身体来自父母，父母花费很多心血才把我们抚养长大，我们没有权利损害自己的身体。古希腊有一句谚语，要寓灵魂于健康的身体。这指的是人是有思维的，人可以做自己意识中的事情，实现大脑中的映像。但是人的一切行为和一切思想都存在于人的生命之中，人的生命承载着人的崇高理想和道德规范。这就说明了生命的重要性，没有生命，一切追求都是虚无的、枉然的。人最宝贵的是生命，生命属于人，只有一次。生命是脆弱的，是人的一生最重要的、不可缺少的，也是不能随意放弃的。一个人只有自尊自爱，才能赢得别人的尊重和爱护。大学生要形成正确的生命价值观，正确认识生命的价值，珍惜生命，热爱生命，敬畏生命，即使生活遭遇挫折时也不能轻易放弃生命。大学生只有做到拥有健康身体，珍爱生命，健康快乐地成长，才是对父母的尽孝。

当今社会，竞争与压力常使人不堪重负，有人甚至以毁伤身体乃至结束生命等极端方式来追求解脱，漠视生命、践踏生命的现象频繁出现。大学生身处的年龄阶段比较特殊，面临来自学业、恋爱、人际关系和就业升学等诸多方面的压力，而且个别大学生又内心敏感、心理脆弱、抗挫折能力差，往往容易造成悲剧发生。如 2019 年北大女孩因被男友精神控制导致服药自杀；2020 年成都理工大学孙某某因与女同学梁某、陈某某存在矛盾，持刀将二人划伤；广西某大学在读研究生烧炭自杀死亡；湖南某高校谢某因恋爱纠纷导致情绪过激跳水自杀身亡等报道屡见不鲜，引起了舆论的强烈关注。近几年来，大学生伤害生命、践踏生命事件频频发生，不禁让我们思考，该如何培养当代大学生心理健康素养，孝道伦理价值观所蕴含的生命责任意识，会使人更加敬畏生命、珍爱生命。当然，对大学生的生命观教育也更加重要。高校在关注学生心理健康问题的同时，也要重视生命价值教育。当前不少大学生漠视生命，不仅不珍惜自己的生命，对待别人的生命也冷漠，才会引发诸多极端事件。高校在开展思想道德教育的过程中，应当将生命价值观教育作为重要内容，珍惜生命，维护生命尊严，创造生命价值。首先，要引导大学生在生命感悟中深化正确生命观，激发大学生对生活的热爱，珍惜人生和生命。其次，引导大学生正确认识生命，理解生命，形成良好的心理素质，认识实现生命价值的意义，参悟生命的存在意义。最后，引导学生认识到不珍惜生命是不孝的行为，使学生从内心深处珍惜自己的生命安全和身体健康，也珍惜和爱护他人的生命，减少悲剧的产生。

三、知恩感恩教育

知恩感恩是一种宝贵的精神品质，也是重要的生活态度。斯宾诺莎在其著作《伦理学》中对“感恩”做了解释，认为“感恩或谢忱是基于爱的欲望或努力，努力以恩德去报答那些曾经基于同样的爱的情绪，以恩德施诸我们的人。”[1] 其实知恩感恩教育是指教育者遵循思想政治教育的规律，通过科学有效的方法，采取灵活多样的手段，有目的、有计划、有组织地教育引导受教育者形成知恩感恩意识，并在知恩的基础上做到报恩、施恩的过程。古语有云“饮水思源”“谁言寸草心，报得三春晖”“滴水之恩，当涌泉相报”。这些古老话语告诉我们，人应当有感恩的情怀。《诗经·小雅·蓼莪》载：“父兮生我，母兮鞠我。扶我畜我，长我育我，顾我复我，出入腹我。”父母养育子女含辛茹苦，子女成人后应尽反哺之责，供养和照料双亲，使之安度晚年，表达的正是对父母的感恩之情。每个人从一生下来，均不能免于父母之怀，血缘关系和父母的养育都使这种感恩之情更为真诚、自然、强烈。孩子对父母的感情是其对哺育自己生命的人的感情，这是人的本性，是良知、良能。孝德的本质就是感恩。我们无论是对待父母亲人，还是对待朋友，或者是对待陌生人，对待所有给予我们帮助的人，都应该满怀感激之情。作为子女应该对父母满怀感恩之情，孝顺父母、回报父母的养育之恩，绝不能把父母对我们的付出和爱当作理所应当，绝不能对父母一味索取。父母给予我们生命，对我们有生养之恩，我们要时刻铭记于心，并将其落实到我们的日常行为。爱因斯坦曾经说过，每天我都无数次地提醒自己，我的内心和外在的生活，都是建立在其他活着的和死去的人的劳动的基础上。我必须竭尽全力，像我曾经得到的和正在得到的那样，作出同样的贡献。大学生孝德教育就是帮助每一个人树立感恩意识，将这种人性之情扩展到社会中人与人的关系之中，懂得知恩图报，营造亲善、融洽、和谐的生活环境。知恩感恩是孝德教育的关键内容，是大学生道德教育的重要部分。感恩意识对当代大学生相当重要，家长要从小培养子女的感恩意识。大学生唯有学会感恩、懂得感恩，懂得生命的重要意义，懂得父母长辈的恩情，才会努力增强自身能力，对家庭具有责任感，对国家具有奉献服务意识，以此回报父母的养育之恩，回报国家的栽培之情。知恩感恩意识是当代大学生应具备的基本道德修养，也是培育和践行社会主义核心价值观的重要要求。

大学生知恩感恩教育应立足于个体道德发展水平，以知恩感恩实践参与塑造人的精神世界。通过对大学生个体的情感教育和人文关怀，进而促

[1] [荷] 斯宾诺莎：《伦理学》，贺麟，译，商务印书馆 1983 年版，第 161 页。

进大学生形成正确的世界观、人生观、价值观。大学生知恩感恩教育是孝德教育的重要内容，包括对父母、社会以及国家等层面的知恩感恩意识。感恩知恩教育首先是对于父母层面。当今社会，大学生对父母缺少感恩之情的情况屡见不鲜。顶着“隔壁家的孩子”“大神级的学霸”“热情自律”等标签的北大学子吴某对于母亲长期的高压教育心怀怨恨，趁着母亲换鞋之际，将其活活打死。最终，吴某在逃亡三年后被抓，判处死刑。作为名校高才生的吴某，对待母亲冷漠无情、麻木不仁，丧失人性道德。还有一些大学生自私自利，以自我利益为中心，对于父母的无私付出和别人提供的帮助，没有任何感恩意识、感激之情。网络上就不时看到，一些大学生为了满足自身物质享受而不断向父母索取巨额生活费，一旦要求得不到满足就对父母心生不满，甚至怨恨。这些现象足以说明，不少大学生的感恩知恩意识比较缺乏，对父母也没有孝心。高校作为重要的育人之地，在德育工作中应注重感恩知恩教育，在教育过程中采用多种方式方法，在孝德教育中融入感恩教育内容，帮助大学生正确理解父母的付出和他人善意的帮助，培养大学生感恩知恩意识，让大学生真正懂得感恩父母、感恩他人、感恩社会，并将这种感恩知恩意识落实到具体行动中。高校应联合家庭、社会开展大学生的感恩知恩教育，培养大学生健全的道德品质，形成良好的孝德行为习惯。

四、责任担当教育

尊亲养亲、爱老敬老是一种以回报父母养育之恩为核心的责任和义务。责任担当是孝德的一种体现，是大孝和大爱的扩展，也是社会发展的重要保障。这种责任担当不仅要做到“生事之以礼，死葬之以礼，祭祀之以礼”，还有做到“善继人之志”“善述人之事”。我国自古以来就有移孝作忠、家国一体的社会观念，忠孝就是合为一体的，为国家尽忠是为父母尽孝的延伸，是家庭职责的社会化。孝本是一种家庭伦理原则，而在家国一体的社会结构中，通过推己及人成为一种普遍的社会规范。当代大学生是社会主义事业的建设者和接班人，要勇于担当时代使命，为中华民族伟大复兴贡献青春力量。党的十八大以来，习近平总书记对青年大学生寄予厚望，在各种场合都反复强调大学生要志存高远，脚踏实地，勇敢地肩负起时代所赋予的历史重任。习近平总书记的讲话中多次出现“使命”“重任”“担当”等字眼，充分体现了党和国家高度重视当代大学生责任担当教育。责任担当是成事之基、发展之本。大学生要有锐意进取、敢于担当、勇于负责的精神，才能作出无愧于时代、无愧于人民、无愧于历史的伟大业绩。责任担当教育是当代大学生孝德教育的重要内容。大学生的责任担当体现在对家庭、社会和国家的担当，责任担当教育首先是家庭责任教育。个人对家庭的责任感，可以衍生出对社会的责任感，还可以衍生出对其他所有事情的责任感。随着我国进入老龄化社会，以各种理由逃避赡养父母、照顾亲人的新闻屡见不鲜。还有不少接受过高等教育的社会精英，对待父母亲人却毫无责任感。这样的社会现象，既是人们责任意识缺失的表现，也是孝德教育有所缺位的反映。一个人如果连父母亲人都不爱，对家庭责任意识都没有，何谈对社会、对国家的责任担当。大学生即将步入社会，这意味着其不仅需要承担赡养父母、养育子女的家庭责任，更需要担负起建设中国特色社会主义事业的历史重任。培养大学生的责任担当意识，不仅是完善其人格发展的基本要求，也是解决社会问题的必然要求。

当前，部分大学生由于受到一些负面影响，个体意识比较强，社会责任感淡薄，缺乏责任担当意识。这些迹象表明，当代大学生责任担当素养欠缺问题愈发严重，亟须加以关注。在高等教育阶段，大学生责任担当素养的提升尤为重要。所谓责任担当意识是主体对于自身责任担当具有主观意识，是一个人对自己、对他人、对社会和对国家主动承担的精神状态。责任担当意识对于人生发展具有极其重要的作用。拥有高度的责任担当意识的人，将会是勇于承担家庭、社会、国家的责任，创造更大的价值，作出更大贡献的人。古代统治者判断一个人忠不忠，首先看他孝不孝，《孝经·广扬名章》：“君子之事亲孝，故忠可移于君；事兄悌，故顺可移于长居家理，故治可移于官。”在中国汉代出现的“举孝廉”就是以孝为尺度选拔官吏的制度，有的地区在公务员考试、干部提拔以及企业招聘中也将孝作为一个必备条件。培养一个有责任担当的大学生是德育的重要内容，当代青年大学生要将对父母的家庭责任转化民族责任、时代责任，奋发图强、立志成才，养成爱岗敬业的职业操守和克己奉公的高尚品质，在实现中华民族伟大复兴的历史洪流中建功立业。高校应当重视大学生责任担当教育，在开展思想政治教育的过程中融入责任担当内容，以敬亲孝亲为核心，培养大学生的家庭责任感，勇担家庭责任。传统孝德文化就特别强调人们对父母的责任意识，懂得父母的生育之恩与深切的教育之恩，从而懂得感激他人的帮助、国家的栽培，培养人们对家庭、社会、国家的感恩意识和责任担当。当代大学生虽然还没有经济能力，尚无法承担对父母物质上的责任，但是也应当具备对家庭与社会的责任意识，才有可能在未来主动自觉承担这些责任。通过责任担当教育，帮助大学生更好理解对家庭、社会和国家的责任，引导大学生懂得既要努力完成学业，还应尽量帮助父母减轻家庭压力，进一步引导大学生培育中华民族伟大复兴的责任感与使命感。当代大学生孝德教育内容中渗透责任担当教育，不仅能够引导大学生形成对父母的责任意识，也能够引导大学生培养对社会进步和国家发展作出贡献的责任感，心怀崇高的时代使命。

第五节　当代大学生孝德教育的具体目标

教育目标是教育活动开展的出发点和归宿，对教育过程和环节有指导性作用。一切教育实践的开展都是在教育目标的指导下进行的，明确的教育目标是大学生孝德教育实践取得良好成效的重要基础和基本前提。教育目标的设定既不能过高也不能太低，否则将失去指导实践的意义。大学生孝德教育活动应以育人、树人、培养人为根本目标，遵循思想政治工作规律，遵循教书育人规律，遵循大学生成长成才规律，按照大学生思想政治教育的认知、情感、意志、行为的规律和要求，培养大学生成为担当民族复兴大任的时代新人。当代大学生孝德教育的具体目标应该设定为引导其树立正确的孝德认知、坚定的孝德情感以及良好的孝德行为能力等。制定具体的孝德教育目标，对开展大学生孝德教育工作具有积极的指导作用。

一、引导大学生树立正确的孝德认知

中国古代哲学家认为，人的外在行为是受内在意识支配的，由衷向善的人，才有外在自发的善行。认知是行动的先导，支配和主宰人的情感、意志和行为。所以说，只有提高大学生的孝德认知和意识，才能增强大学生的孝德情感，进一步指导孝德践履，从而实现孝德知行合一。开展大学生孝德教育，树立正确的孝德认知是基础和前提，最终要落实到形成正确的孝德观念、坚定的孝德情感、积极实践孝德行为上来。开展当代大学生孝德教育，首先要引导其树立正确的孝德认知，在此基础上形成孝德情感、实践孝德行为。中华优秀传统孝德作为传统文化的重要部分，蕴含着丰富的孝德精神内涵，包括孝亲敬亲、善事父母、尊老爱亲等家庭伦理内容，依然发挥着重要的精神价值。孝德既反映着中华民族优秀传统美德，又蕴含着浓厚的思想道德文明。孝德的最初含义是善事父母，要求子女不仅要给予父母物质层面上的帮助，也要从精神层面上慰藉父母，再进一步扩展到社会层面，要求尊敬师长，强调对长辈、老师、朋友以及他人的尊重、孝敬。孝德是中华民族传统美德，所有道德的产生都是以孝德为基础的。要引导大学生积极弘扬优秀传统孝德，传承孝德的积极思想观念，提高大学生的孝德修养，树立大学生尊老爱亲、敬老养老的观念，引导大学生把握孝德的精神内涵和核心内容。

当代大学生身处的时代环境已经发生极大改变，国内环境和国外形势都发生了深刻变革。随着西方个人主义思想以及经济社会发展带来的利己主义、享乐主义等思想的影响，当代大学生对中华传统文化的认识不够深入，对于中华优秀传统孝德的思想精华、精神实质和本来面貌的理解不够深刻，甚至出现断章取义和歪曲误解等情况。当代大学生由于思想个性具有特殊性，一些学生崇尚西方资产阶级思想文化，对本国传统孝德文化有所忽视甚至是持怀疑的态度。开展大学生孝德教育，需要引导大学生更加全面地学习中华民族的发展历史、文化传统、精神内核，深刻理解中华优秀传统孝德的思想内涵、核心内容和价值本质。中华优秀传统孝德是历经几千年历史发展，逐渐形成并保留下来的精神文化，是中华民族共同的思想观念、价值认同和道德规范，当代大学生必须清醒地认识到，孝德不仅是中华民族的宝贵财富和精神文化，更是中华民族的道德基础和行为规范。作为当代大学生，弘扬传承中华优秀传统孝德是应有的责任和义务。尊亲敬老是大学生孝德教育的重要内容，对提高大学生思想道德素质、促进社会文明进步具有重要意义。高校要积极引导大学生正确认识孝德的重要性，纠正大学生对传统孝德的误解，引导大学生树立敬亲孝亲、尊老爱老的观念，提高大学生的孝德意识，培养大学生的孝德情感，从而进一步增强大学生孝德行为的自觉性与主动性。

二、引导大学生培养真挚的孝德情感

正确的孝德认知是形成坚定的孝德情感认同的基础，真挚的孝德情感认同也离不开正确的孝德认知的指引。孝德作为大学生道德修养的起点和基础，不仅要大学生"知之"，还要大学生"好之""乐之"。培养大学生对孝德的自律性，才能形成强烈的孝德情感，实现对孝德的不离不弃。从人的心理发展过程和精神情感需要来看，认同是人们心理上的共鸣融通和情感意识上的接受认可，是理论认知不断上升到自觉实践的过渡阶段。认同主要指主体对客体的内心相通相融和情感、意识上的归属感。习近平总书记指出："青少年阶段是人生的'拔节孕穗期'，这一时期心智逐渐健全，思维进入最活跃状态，最需要精心引导和栽培。"[1] 大学生正处于身心发展的关键时期，是提升孝德情感认同的最好时期。文化认同是人们对某种文化在观念上、心理上和行为上的认可、接受和融入，核心是认同该文化包含的理想、信念和价值观，它可以使人们在价值取向、思维模式、行为模式等方面达成一致，形成强大的凝聚力和向心力。[2] 在教育实践活动中，积极推进大学生对孝德的情感认同是孝德教育的重要目标。马克思指出："人的本质不是单个人所固有的抽象物，在其现实性上，它是一切社会关系的总和。"[3] 具体地讲，人总是处在现实社会关系中的，只有通过社

[1] 习近平:《思政课是落实立德树人根本任务的关键课程》，人民出版社 2020 年版，第 2 页。

[2] 罗迪:《文化认同视角下的大学生社会主义核心价值观教育》,《思想教育研究》2014 年第 2 期。

[3]《马克思恩格斯文集》(第 1 卷)，人民出版社 2009 年版，第 501 页。

会关系才能表现人的本质，人的发展也是随着社会关系的不断变化而得以发展。学校孝德教育的目标是培养人，只有将大学生置于各种社会实践中，才能使其不断成长，实现大学生对孝德的情感认同，培养大学生深厚的孝德情感。

伴随着社会经济的急速发展，中国人的家庭结构和家庭成员关系已经发生了变化。市场经济热衷追逐利益，冲击着现代家庭的原有关系和人们原有的道德观念。以往社会所提倡的孝亲敬老、知恩报恩等优秀传统孝德观念受到忽视，对培养大学生真挚的孝德情感认同产生一定的难度。孙正聿教授也曾提出了“我们到底要什么”的价值理想、价值规范和价值导向与“我到底要什么”的价值期待、价值认同和价值取向的矛盾。[1] 在现代社会中，人们出现了价值迷茫，当代大学生的思想价值观念也受到社会环境的影响。大学生作为社会重要群体，其思想道德水平体现着社会整体的思想状况。大学生形成正确的孝德观念，养成坚定的孝德情感非常重要。要鼓励大学生认真对待传统孝德文化，从中华民族传统美德中汲取精华，培养心存感恩、善待父母、关爱他人的高贵品质。知恩感恩报恩意识是人生成长的重要价值信念，是人必须具备的道德情怀。对于父母师长的养育栽培之恩情，大学生要心怀感恩，主动回报。只有具有知恩感恩报恩意识，才会有对家庭的责任和社会的奉献，这是一种对父母、对他人、对社会、对国家的正确态度，是健全人格的体现，是人生的崇高境界和价值取向。

三、引导大学生形成自觉的孝德行为

习近平总书记强调：“一种价值观要真正发挥作用，必须融入社会生活，让人们在实践中感知它、领悟它。要注意把我们所倡导的与人们日常生活紧密联系起来，在落细、落小、落实上下功夫。”[2] 徒有理论，没有实际行动是不行的。所以就是要有行动，不能玩虚的，要将孝德落实到具体行动中，以自觉遵守高尚道德的主动行为影响他人和社会，并在与具体事

[1] 孙正聿：《理想信念的理论支撑》，吉林出版社 2014 年版，第 194 页。

[2]《习近平谈治国理政》（第 1 卷），外文出版社 2018 年版，第 165 页。

务和周边环境的互动中真正形成“孝德的行为”，这是高校孝德教育的最高价值。孝德教育是知情意行、知行合一的过程。实践自觉建立在实践主体对认知、情感、意志的基础上，在实践活动中自觉发挥主观能动性，进而实现价值目标。要开展大学生孝德教育，增强大学生孝德行为的主动性、积极性，引导大学生在行动上自觉主动地弘扬传承孝德观念、践行孝德行为。通过孝德教育实践活动，能够改造大学生的主观世界，提高大学生的孝德认知水平，使大学生的孝德观念转变为孝德行为。培养大学生的孝德行为能力，要形成正确的孝德认知和真挚的孝德情感，使大学生积极发挥主观能动性，促进自身孝德素养的提高。大学生孝德的实践自觉建立在对孝德理论的理性认同、对孝德情感的正确认识和准确把握上。这就需要引导大学生有意识地学习孝德理论知识，掌握孝德精神内涵和孝德基本要求，夯实孝德知识积累，领悟孝德的重要性，深化大学生的孝德情感和孝德素养，促进大学生孝德行为的养成。

高校孝德教育的最终目标是落实到大学生的行动上，增强大学生的孝德认知、培养孝德情感，使大学生能够自觉践行孝德行为。大学生只有形成孝德情感和孝德意志，才会将对孝德的理论认同转化为社会实践行为。孝德教育的目标不仅仅在于教会大学生“知孝”，更是要教会大学生“行孝”。因而，要以知孝促进行孝，行孝又进一步促进知孝，相辅相成，达到孝德知行合一的目标。如果光有孝心，流于形式，而没有孝行，没有实质性的孝德行为表现，便不能说是具有孝德。孝德贵在实践、贵在持续。大学生要有计划、有目的地在日常生活中自觉地践行孝德。孝德源于日常生活，也要回归日常生活，我们要从日常行为做起，严格要求自己，对父母、他人、社会和国家心怀感恩之心，践行孝德行为。孝德没有小事大事之分，只有践行与不践行之分。虽然父母的养育知恩、师长的教育之恩，是无私不求回报的，但是，我们还是要满怀感恩，孝敬父母，尊敬师长，奉献社会。要通过开展孝德教育，引导教育大学生自觉遵守孝德规范，主动实践孝德行为，实现孝德言行一致、知行统一。

第三章　当代大学生孝德教育的现实审视

当前世界形势复杂多变，国内思想价值呈现多元多变的趋向，对当代大学生的思想政治教育工作造成了巨大挑战。近年来，不少媒体报道了大学生孝德问题，在一定程度上反映了当代大学生孝德缺失的状况。开展当代大学生孝德教育问题的研究，探究学校教育、家庭环境、社会风气与大学生自身修养等方面的影响因素，能为解决当代大学生孝德问题提供现实遵循。

第一节　当代大学生孝德教育的现实依据

当代大学生身处经济全球化进程加快、经济体制深刻变革、社会结构发生变化、利益格局不断调整、思想观念多元碰撞的时代背景下，也正处在推进中国特色社会主义事业的关键阶段，面对西方资本主义价值观以及文化多元化的影响，我国社会道德领域问题日益突出，孝德弘扬传承面临现实困难。孝德教育是道德教育的一部分，是对受教育者有目的地施以影响，使其形成孝德的实践活动的总和。它不仅包括在学校进行的教育活动，也包括在家庭和社会中进行的宣传教育活动。[1] 开展当代大学生孝德教育研究，是时代的需要和社会的诉求。

一、落实高校立德树人目标的时代需要

立德树人是高等教育的时代使命和根本任务。新时代，坚持立德树人，就是要使大学生养成对善德的信仰，内生自觉而坚守，自愿践履发扬光大，真正做到内心崇德、主动守德、立足行德。大学生崇德向善是当前高校实现立德树人的基本前提。随着社会的发展，高等教育的普及，当代大学生综合素质得到了普遍的提高。当前中西方文化的交融、碰撞导致价值取向多元化，当代大学生面对这样的状况，往往容易陷入价值选择的迷茫。原有价值观念部分地失去了示范作用，而新的价值体系又未形成。他们既接受了社会主义核心价值观的教育，又受到市场经济浪潮的冲击和西方资本主义价值观的影响。[2] 当前社会上的拜金主义、利己主义、个人主义、享乐主义等不良思想较为严重，对于社会阅历尚浅、价值判断能力不高的部分大学生而言，增加了价值选择的难度，造成了价值观念的变化，也导致了价值取向的扭曲。受到这些因素的影响，当前高校德育工作面临严峻形势。我国进入全面建设社会主义现代化国家的新发展阶段，高校思想政治教育工作面临许多新情况。高校不再是远离社会的象牙塔，正与社会发生越来越密切的联系，成为各种社会思想激烈碰撞的重要场所。社会发展过程中出现的阶段性特征都会在高校有所体现，都会在大学生思想观念中有所呈现。由于社会现实形势变化，高校德育工作跟不上时代的变化，存在着脱离学生思想状况的问题，没能做到及时贴近学生思想实际，高校德育工作不够有针对性和实效性。

当代大学生生活环境已经得到极大改善，生活相对比较舒适安逸，不用承受以往年代所面临的物质缺乏等生活艰难问题，也不用承担太多的家庭压力，往往造成一些学生对父母缺乏感恩意识。这反映在家庭关系上，

[1] 卢明霞、王立仁：《孝德教育的当代价值》，《思想教育研究》2010 年第 4 期。

[2] 本书组编：《当代大学生思想道德教育的理论与方法》，北京大学出版社 2007 年版，第 126 页。

就是亲情疏远、孝德观念淡薄，表现为对父母的冷漠、不体谅父母的艰辛、不尊敬父母长辈、不知感恩行孝、对家庭的责任感淡化等行为，有些学生甚至伤害父母。当然，媒体上也报道了一些事件。例如，近年来引起社会极大关注的案件“吴某弑母藏尸案”，该新闻事件中的男主角是在著名学府接受过高等教育的大学生，由于母亲对他严格管教，监督着他学习生活的一切事情，导致他对母亲心生怨恨的心理，最终将母亲残忍杀害，并毫无悔改之心。除了这样的典型事件，通过网络、媒体还可以看到不少反映不孝行为的事件，其中不乏大学生案例。2016 年，深圳女大学生因家庭贫困无法满足个人需求，恶语咒骂父母。这一幕被拍成视频，一时间引起热议。还有在西班牙留学的中国女孩，因向父亲索要过多生活费未果，在网络上谩骂父亲的行为，引起了公众密切关注。这些事件不得不让人叹息，造成这些诸多不孝行为的原因无疑是多方面的，但是这些举动足够引起人们道德层面的反思。在当今社会，不少大学生没有形成良好的孝德观念、孝德意识，对孝德的重要性缺乏应有的认识和理解。

二、老龄化社会的到来对孝德的呼唤

20 世纪 90 年代以来，中国的老龄化进程不断加快。自 1999 年起，中国的老年人已经达到 1.6 亿，中国经济周刊报道：2013 年，中国 65 岁以上人口占总人口比重从上一年的 9.4% 升到 9.7%；老年人口赡养比（老龄人口与劳动年龄人口的比例）为 13.1%。而如果按实际赡养比测算，中国老龄化形势更为严峻。第七次全国人口普查数据显示，我国 60 岁及以上人口的比重达到 18.70%，这意味着 2022 年中国已经正式进入老龄化社会。预计 2035 年前后，我国将进入人口重度老龄化阶段（60 岁以上人口占比超过 30%）。到 2040 年，65 岁及以上老年人口占总人口的比例将超过 20%。老年人口高龄化趋势日益明显：80 岁及以上高龄老人正以每年 5% 的速度增加，到 2040 年将增加到 7400 多万人。[1] 这些数据都表明，当前我国人口老龄化形势严峻，“未富先老”是全社会面临的主要挑战，养老问题成为我国社会必须面对的重大问题。随着我国人口老龄化速度加快，怎样实

[1]《中国人口老龄化现状与趋势》，央视网，2021-04-03。

现“老有所养、老有所依、老有所乐、老有所安”，成为我国社会亟待解决的难题。我国社会道德体系因社会转型面临着冲击，而新的社会价值体系尚未完全建立，这就为不良思想观念入侵人们思想领域提供了机会，使得人们表现出冷淡的道德行为。孝德作为约束人们日常行为规范的道德要求之一，在当今浮躁的社会氛围中被许多人所抛弃。

随着市场经济的深入发展，人们难以抵挡各个领域的利益诱惑，出现了一些道德失范的问题。诸如生活条件优越的子女不赡养父母、不顾父母身体状况的情况常常发生；子女长期不探望父母甚至为金钱利益与父母对簿公堂的事情也时有出现。面对当今社会老龄化日趋严重引发的诸多问题，亟待开展孝德教育研究，引导人们弘扬中华优秀传统孝德，提高人们的孝德意识和孝德行为，树立孝老敬亲的社会风气，营造良好的孝德环境，使全社会孝敬父母、赡养父母以及感念亲恩，将个人对父母的孝敬推及他人、社会，从而营造孝亲敬老的和谐社会氛围。

三、现代社会传统孝德传承遭受挑战

孝德是历经几千年积淀的文化资源，在中华民族发展历程中具有重要的地位。父慈子孝、尊老爱幼、尊老敬贤的家庭代际伦理源远流长，深刻影响着中国人的思想行为和道德规范。改革开放后，党和政府大力提倡孝德。国家从计划经济体制到社会主义市场经济体制，社会也开始了从一元化到多元化的过渡。在婚姻家庭领域，出现了从一夫一妻制到包括单亲和独身等多种家庭状态，也出现了许多新问题。这些深刻地影响着现代社会的家庭代际伦理，影响着年轻人对长辈的态度。在物欲横流的当今社会，和人们看得见的实际价值相比，孝道在人们心中渐渐让位给了现实利益，这不得不说是在科技突飞猛进、生活水平越来越高的时代里，人们思想和意识形态的一种倒退。人们思想的倒退也许是经济发展进程中必然发生的不平衡，五千多年文明历史所沉淀的优秀传统文化也受到影响。随着市场经济发展，我国受到西方资本主义价值观及西方文化影响加重，对中华传统文化造成较大冲击，出现社会道德领域问题，对当代大学生的影响也更为明显。由于西方价值观念传入大学校园，主张个性自由等思想，在青年大学生群体中产生了比较大的影响。越来越多的西方节日受到了大学生的追捧，中国传统节日和习俗被逐渐淡忘。多方面的研究显示，当代大学生传统文化缺失较为严重，孝德意识、孝德行为更无从谈起，传统孝德弘扬传承受到了挑战。虽然当前我国正在大力倡导和培育社会主义核心价值观，但是人们依然受到一些不良社会思想观念的影响，使得人们思想价值领域出现了问题。

社会上还存在着一些忽视孝德意识、漠视孝德行为的现象，产生了诸多道德失范的问题。2016 年，人民网详细报道了一则广受关注的新闻事件：在《等着我》的寻亲节目中，求助人有某民在寻人团的帮助下终于找到了失散九年的哥哥有某杰，但令人意外的是，有某杰对待亲人却是十分冷漠的态度，让许多人将感动变成了愤懑。大学毕业后自动与家人断绝联系，一晃九年，当看到有某杰身穿光鲜的西装，却表情淡漠地与衣衫褴褛的家人见面时，寻人团成员的老师直接愤怒地表示："你难道就没有一点愧疚之情吗？"而面对批评，有某杰不时冷笑，甚至反问："你觉得我应该怎么样面对？"有某杰的表现违背了中国的伦理道德，不少网友在看完节目后纷纷留言斥责这位"不肖子"。而其名牌大学生的身份也成了网友攻击的重点，有网友直言："如果连基本的道德观和价值观都没有，读那么多书又有什么用？这种人是怎么进高等学府的？或许以后学校招生不能只看分数也该考考道德了。"社会发生的诸多不孝事件说明，日常生活中孝德还是有所忽视，一些人对父母的感恩意识、责任意识还比较淡薄，社会成员的孝德素质和水平还亟待提高。现代社会依然需要孝德维系家庭伦理关系，维系父母与子女的情感，才能营造良好的社会道德风尚。

第二节　当代大学生孝德现状的调查分析

毛泽东曾说过，没有调查，就没有发言权。为了了解当代大学生孝德的真实情况，从客观实际出发，实事求是，从孝德认知、孝德情感、孝德行为等多维度全面把握、清晰认识和客观评价当代大学生的孝德现状，全方位探究大学生的孝德认知及其教育问题，更好地提出针对性强、行之有效的对策，笔者展开了相应调查。

一、调查问卷设计

为了宏观掌握大学生孝德的现状和问题，提出具体可行的解决办法，本次研究主要围绕大学生孝德现状进行设计调查，从大学生的孝德认知、孝德情感、孝德行为以及高校孝德教育等方面设计问卷，对广西部分高校学生进行调查，对调研数据进行统计和分析。在理论基础上落实问卷的维度，设计与当下大学生的生活相结合的问题，制定出一份科学的问卷。孝德观念形成和运作都受到性别、居住地、教育程度、职业、经济收入等因素的影响。此外，中国社会经济发展和政策变化，也导致了孝道观念与实践的性别差异。例如，中国现阶段老年人认同女儿养老的比率达到 44.2%，并呈现出“养女防老”和“养儿防老”并重的养老格局，但这也存在较大的城乡差异，在农村仅有 34.7% 的老年受访者认同女儿养老，而在城市老年受访者中有 65.3% 认同女儿养老。[1] 通过对中国农村与城市孝道观念的比较研究发现，农村群体的孝道观念更具传统性，而城市群体的孝道观念更具现代性和多元化。[2] 综上，本研究将横向调查不同代际的大学生群体，以及代际、性别、城乡、是否独生子女等状况的差异性。

笔者在参考了大量的文献分析后，通过自编《新时代大学生孝德现状调查问卷》，对大学生孝德的现状进行了考察。问卷设计采取综合型问卷，形式以封闭型问题为主，最后一道题为开放性问题。问卷包括孝德认知、孝德情感、孝德行为和孝德教育情况等维度，这些维度既注重调查行为表现，也注重探究调查对象的心理感受，力求客观真实地反映当前大学生孝德的认知、情感、行为等方面的状况，为深入地研究打下基础。为了更深层地了解和掌握新时代大学生孝德的现状，使调查研究的数据更加丰富，

[1] 曹鑫：《青年人与老年人养老观念的共识、差异与融合》，《四川理工学院学报（社会科学版）》2018 年第 3 期。

[2] 伊庆春：《台湾地区家庭代间关系的持续与改变—资源与规范的交互作用》，《社会学研究》2014 年第 3 期。

结果更具有科学性和说服性，笔者基于长期孝德研究积累并结合现实相关情况提炼出了相关问题。在前期相关理论研究与实践调研的基础上，笔者对传统孝德内涵、外延等相对比较熟悉，对当下孝德阶段性存在状况也有一定程度的了解，在不断修改与完善的过程中，此次问卷中相关选项的有效性能得到保证，从而较好地反映所要调查的问题。本次研究设计了大学生孝德现状的情况访谈提纲，与大学生进行深入的交流，为这次问卷调查做了充分有效的补充。访谈主要从大学生自身的角度出发，了解其对孝德的感受和看法，对大学生孝德教育的社会因素做更深一步地探索，得出更科学全面的结论。通过对大学生的访谈能够得到问卷难以调查到的数据，为大学生孝德教育提供更详细的资料，对问卷的不足之处做出补充。

二、调查对象及方法

本次调查研究主要在于了解当代大学生孝德教育现状的基本情况，考虑到研究对象涉及范围比较广，研究对象的复杂性需要投入更多的人力、物力和时间以及自身条件的限制，调查主要是针对全日制在校本科大学生，以广西各本科院校大学生为对象。为保证样本数据的代表性和抽样的规范性，尽可能将问卷分散地发放到范围内多所本科院校，而不是集中在一两所学校。为了调查数据更加科学有效，经各方面协调，按照要求对广西部分本科院校在校大学生进行了抽样调查。在发放调查问卷时选择了随机抽样的方法，匿名填写。根据本问卷的题量以及研究对象的范围，考虑到抽样的准确性，调查样本规模为2000份，每所学校发放200份。调查方法使用分层抽样法，以年级作为分层标准，每所学校每个年级发放问卷50份。回收问卷1972份，有效问卷1918份，有效问卷回收率达97.26%，符合开展研究的要求。经过对所获得的数据进行分类统计分析、交叉统计分析，调查对象具体分布情况如下，在调查中男生有936名，占48.80%，女生有982名，占51.20%；居住地属于城市的有520名同学，占27.11%，居住地属于城镇的有506名同学，占总数的26.38%，居住地属于农村的有892名同学，占总数的46.51%；独生子女占789人，占41.14%，非独生子女有1129人，占58.86%。问卷调查选择对象时，有意识地对样本的年级、专业和性别进行了控制，其中大一、大二、大三、大四的同学分别有508、

481、487、442名。男女比例、学科比例、年龄段比例、独生子女情况、生源地来源比例与所调查院校的实际情况相符，样本总体具有较好的代表性，可以较好地反映出广西大学生孝德教育的现状。本次调查研究除了发放调查问卷，还访谈了来自不同年级和不同专业的10位大学生，作为对问卷调查的补充。在发放调查问卷的过程中对个别大学生进行深入访谈，并且严格控制在15分钟左右的时间，访谈后及时将内容进行整理和归纳。本研究运用定量与定性相结合的方法对调查数据进行分析，并在此基础上开展进一步的分析。

三、当代大学生孝德存在的主要问题

习近平总书记在党的二十大报告中强调："中华优秀传统文化源远流长、博大精深，是中华文明的智慧结晶""我们必须坚定历史自信、文化自信，坚持古为今用、推陈出新，把马克思主义思想精髓同中华优秀传统文化精华贯通起来、同人民群众日用而不觉的共同价值观念融通起来，不断赋予科学理论鲜明的中国特色"，[1] 近年来，党和国家对弘扬中华优秀传统文化更加重视，相继出台了一系列弘扬和传承中华优秀传统文化的方针政策，为传承和发展中华优秀传统孝德提供了政策保障。高校是大学生思想道德教育的主要阵地，对大学生孝德教育也做了比较多的工作，大学生的孝德状况整体上也呈现出良好的发展趋势。总体来看，当前我国大学生的主流思想是积极进取的，大学生孝德的整体状况是积极、健康、向上的。当前大学生群体对孝德有较好的认知，也具有较强的认同感，孝德情感也比较强烈，多数大学生也能够做到孝敬父母，尊敬长辈。高校孝德教育也得到了普遍的重视。当然，也需要承认，少数大学生对于孝德的认知、情感和践行也还存在着一些问题，孝德教育也还有不完善的地方，还需要继续发挥学校、家庭和社会各界的力量，不断推动大学生孝德教育。

[1] 习近平：《高举中国特色社会主义伟大旗帜　为全面建设社会主义现代化国家而团结奋斗——在中国共产党第二十次全国代表大会上的报告》，人民出版社2022年版，第18页。

（一）部分大学生的孝德认知比较片面

国家大力倡导发扬中华优秀传统美德，社会中弘扬传承孝德的呼声非常高。虽然很多大学生也知道，孝德是一种优秀的道德品质。但是在学习和社会生活中，却没有很好地对自身的孝德素养和孝德行为进行思考。一方面，大学生认为孝德就是孝敬父母、尊老敬老，是社会认可和提倡的道德品质。另一方面，大学生却又认为没有必要要求学习孝德文化，存在着一定的矛盾性。那么当代大学生对于传统孝德了解程度如何呢？对于“你是否看过关于《孝经》《二十四孝》等孝德的故事或书籍？”这个问题，回答看过很多的人只占6.98%，回答只看过一些的人占49.79%，回答完全没看过的人占43.23%。吴凡开展此类调查的结果与此有相近之处，“对传统孝德非常了解的大学生占7.6%，对传统孝德只有一些了解的占90.1%，对传统孝德不了解占2.3%。”[1] 这说明传统孝德的知识普及在大学生群体中比较有限，主动阅读关于孝德书籍的大学生并不多。大学生对传统孝德的知晓程度比较低，对传统孝德的书籍和故事典故了解较少。

调查中问到“你认为传统孝德的主要内容包括哪些？”这个问题（不定项），大学生选择回答“尊敬父母”的最多，其次是“赡养父母”，这两项均有超过九成的人认同，选择比例很高。而回答“顺从父母”“传宗接代”以及“厚葬父母”的大学生均不过半。这说明还有不少大学生不能全面科学地理解传统孝德。只有当代大学生对传统孝德有正确理解，才有助于发扬传统孝德的当代价值，也才有利于传统孝德的合理因素得到继承。同样，对于“你认为孝德能够作为当代家庭道德规范吗？”这个问题，回答“能够”的大学生只占67.23%，回答“不能够”的占9.62%，还有23.15%的回答“说不清”。这说明仍有不少大学生对于孝德的认识和理解还不够清楚，无法认识孝德的价值。还有不少大学生不知晓孝德作为当代家庭道德规范的意义。

调查显示，当问到“你认为现在大学生孝顺父母的意识如何？”这个问题时，只有一成左右的大学生回答“浓厚”，近八成的大学生回答“一般”，还有一成的大学生回答“淡薄”。这说明大部分学生都能意识到孝顺

---

[1] 吴凡：《当代大学生孝德培育研究》，天津师范大学硕士学位论文，2012年。

父母的氛围不浓厚。关于“你周边的同学孝顺父母的风气如何？”的调查，有六成多的大学生认为自己周边的同学还是比较孝顺父母的，有三成多的大学生认为自己周边的同学孝顺父母的风气只是一般而已。同样，认为周边孝顺父母的典型非常多的人只有 24.52%，认为有典型但不是很多的人多达 70.30%，极少数人选择了“几乎没有”或“完全没有”。对于“你身边大学生有不孝的行为吗？”这个问题，认为身边大学生有不孝行为的占 67.23%，认为身边大学生没有不孝行为的只占 27.27%。因为大学生身边的不孝行为比较多，当代大学生认为很有必要提倡孝德的高达 81.50%，只有 2.01% 的大学生认为没必要。即使大部分大学生认为很有必要在他们中提倡孝德，可是对于不孝行为的惩罚态度又持不同意见。同意父母运用法律手段诉讼子女的只有 44.29%，47.46% 的大学生选择中立，还有 8.25% 的选择反对。这表明大部分学生认同提倡孝德，但是大学生的孝德情感和孝德践行还不够强，也凸显了孝德知行不一致。

可见，部分大学生存在孝德认知浅显、不够全面的问题。现代孝德的主要内涵是对传统孝德核心内涵的保留与发展，优秀传统孝德是中华优秀传统文化中的重要组成部分。大学生对优秀传统孝德的掌握并不全面，孝德文化底蕴比较缺乏。当代大学生学习孝德文化的主动性和积极性比较差，对于孝德要求、孝德规范以及优秀传统孝德的相关内容都不甚了解。当代大学生孝德教育的自觉性比较差，自我学习的意识还不够强，对孝德行为的践行有负面影响。孝德作为中华优秀传统文化，在现代社会仍然具有强大的生命力和时代价值，大学生如果能较为全面地学习和了解孝德的精神内涵和核心内容，形成广泛的孝德认知，可促使其更好地践行孝德行为。

（二）部分大学生的孝德情感不够强烈

情感是子女与父母之间沟通交流的桥梁。“以情化人”“晓之以理，动之以情”，这些感情方式自古以来都是我国化解矛盾与纠纷的重要途径。孝德是每个家庭成员最真实、最自然的感情表达。没有真情实感的孝德行为是不能持久的，也不能算真正的行孝。因而，孝德是联系父母与子女之间的情感，是孝亲的重要基础，具有无形的力量。父母不仅需要物质的支撑，更需要子女情感的呵护，情感慰藉是孝敬父母的一个重要方面。在调查过程中发现，大学生在面对“在学校时你会隔多久联系父母一次？”这个问题时，仅有半数的大学生回答会经常联系父母，有四成的大学生会偶尔联系父母，还有一成的大学生是有事才联系父母或者基本不联系父母。在大学生“上大学期间与父母联系主要为了什么”这一多项选择题中，虽有 74.44% 的同学选择了解父母的近况，但也有相当多的同学是随意聊天，占到 70.51%，为了寻求生活费而和父母联系的同学也接近总人数的一半。也有一些学者在研究中强调了这种情况，在“与父母沟通的话题有哪些”的调查中，大学生与父母沟通最多的话题是学业，占比 28%，其次是感情，占比 20%。[1] 李霞的研究结果显示：79% 的学生会给父母打电话，21% 的学生想起来才打，同时有 17% 的学生打电话是为了了解父母近况，47% 是与父母随意聊天，32% 是为了寻求帮助才联系父母，4% 是其他原因。[2] 这些数据表明，部分大学生对父母的关注度不够高。现代通信技术发达，但是有些大学生却很少给父母打电话，和父母进行情感沟通和交流少，甚至有些大学生平时处于“失踪”状态，只有在自己经济困顿的时候才会想起父母，很少谈及自己在学校的学习和生活状况，更别说和父母进行情感沟通，了解父母的精神状态和内心需求。甚至一部分大学生过于贪图物质享受，利用父母辛苦挣来的钱奢侈享受，不懂得父母的艰辛。

尊敬父母，孝敬父母，是一个人孝心、爱心的体现。对于“你经常为父母做力所能及的事情吗？”这个问题，调查显示，有时为父母做力所能及事情的人数所占比重 53.22%，经常者次之，所占比重 32.52%，很经常和很少的人数相距不远，所占比重分别为 7.45% 和 6.81%。[3] 这说明在紧张的学业压力面前，大多数学生还是能利用各种机会为父母做力所能及的事情，但是依然还存在一部分学生没有做好。在调查过程中，对于“如果认为父母说得不对，你会采取什么态度？”这个问题，回答会与父母商量交换想法的大学生接近七成，采取沉默不语的大学生有一成半，努力使父

[1] 万海洮等：《大学生孝行现状调查分析——以安徽工程大学为例》，《高校辅导员学刊》2015 年第 2 期。

[2] 李霞：《当代大学生孝德教育现状的实证研究》，《教育与职业》2014 年第 9 期。

[3] 郭德君：《社会治理视角下 00 后为主型大学生孝道现状及重塑的实证研究——基于重庆市 6 所高校 1101 份问卷调查》，《云南大学学报（社会科学版）》2021 年第 6 期。

母接受自己的观点的大学生超过一成，还有一小部分的人会顶撞父母。在李茹霞的调查中，对于“当你与父母意见不统一时，是否会与父母发脾气吵架”这个问题，仅有 11.8% 的学生回答不会跟父母吵架，33% 的学生回答很少吵架，19.2% 的学生回答经常吵架，36% 的学生回答偶尔吵架。这也可以看出会跟父母吵架的学生比较多。[1] 当被问到“当父母心情不好的时候，你会怎样做？”时，回答会为父母排忧解难的人占 60.78%，回答会想办法让父母高兴的人占 31.82%，回答会避开不管的人，有 7.40%。大学生上大学的目的为了实现自身理想，占比 73.36%，其次是为了找份好工作有 64.69%，52.85% 的人选择为了改善父母生活，有 16.60% 的人是为了遵从父母的意愿。这说明大多数学生上大学主要是为了实现自己的理想和找到好工作，为了改善父母生活或者遵从父母意愿的还不多。在李茹霞的调查中，关于“你是否会刻苦努力学习为父母增光”的问题，有 77.6% 的学生经常能做到努力学习为父母增光，他们明白父母的一片良苦用心，知道要努力学习，让父母欣慰；但也有 22.4% 的同学不知道积极主动地学习，在学习方面很被动并且有些叛逆，他们有时还会因为父母的唠叨感到厌烦，有的人不认为满足父母期待是孝顺父母的一种表现。[2]

当代大学生虽然认可子女尽孝是应有的义务，但在孝亲情感的表现上仍然欠缺。孝德所蕴含的情感，最根本的是对父母深切的感恩之心。无论是以前还是现在，都主张对父母的情感关怀与慰藉。即使作为子女无法做到“父母在，不远游”，但是“常回家看看”或是通过电话、微信等方式时常关心问候，也应该是现代孝德可以做到的。子女对待父母生育、养育、教育的感恩之心，能够增强内心对父母的理解等，都能够反映出孝德情感的丰富性。而在调查中发现，不少大学生无法做到这些日常对待父母的关怀体恤之举，部分大学生孝德情感淡漠。一些大学生缺乏感恩意识，不顾父母含辛茹苦的养育之恩，为了自己的物质享受，一味向父母索取金钱，心安理得地打游戏、挥霍。对教育自己的老师也缺乏感激之情，稍有不满就颇有微词，甚至满腹牢骚。对国家缺乏责任感，很少有人将个人发展与国家命运联系起来。助学贷款是国家为了帮助贫困学生完成学业而出

[1] 李茹霞：《大学生孝德观培育研究》，太原科技大学硕士学位论文，2019 年。

[2] 李茹霞：《大学生孝德观培育研究》，太原科技大学硕士学位论文，2019 年。

台的帮扶措施，但在近几年的实施过程中，违约率一直居高不下，助学贷款不还现象屡屡出现。大学生表现出的漠视亲情、友情、恩情等现象，在一定程度上折射出他们的感恩意识缺乏。这种道德价值观偏离的“忘恩”情绪，正成为高校里的一股暗流。造成这种趋势的原因有很多，包括社会环境变化、多元文化影响等，使得当代大学生价值观偏离了正确的轨道，感恩意识弱化，孝德情感淡化。

部分大学生不仅对父母和家庭的责任感缺失，更缺少对国家、社会的责任意识。一些大学生以自我为中心，以个人利益为导向，社会责任意识薄弱，表现出了自私无情的一面。甚至还有一些大学生认为，国家提供的一切教育资源以及社会资源都是理所应当的，只考虑个人利益，缺乏对社会的感恩观念以及责任感，不能将自己的个人发展与国家命运联系起来。有的大学生生命观念淡薄。《孝经》有云：“身体发肤，受之父母，不敢毁伤，孝之始也。”珍惜生命才是尽孝的起点，子女的生命是父母生命的延续，爱护自己的身体，也就是对父母尽孝。然而，当前有的大学生不珍惜自己的生命，由于各方面的压力产生轻生念头的比例比较高，大学生自残、自杀率也逐年攀升。当代大学生在父母的溺爱下，经常以自我为中心，心理上极不成熟，思想过于偏激，受不了挫折，超强的自尊心使他们容易被困难击倒，有的学生因为失恋、成绩下降等小事而选择自杀或者杀人来解决问题。清华大学学生刘海洋用硫酸泼熊事件、云南大学学生马加爵残害室友案、西安音乐学院学生药家鑫撞人后杀人案以及复旦大学学生投毒案等暴力事件都折射出了部分大学生对生命的极端漠视。如果一个大学生不爱惜自己的身体、生命，又怎么来孝敬自己的父母。每个大学生都应该深刻意识到，自己的生命不仅仅属于自己，而且属于生你养你的父母，一旦你失去了生命，父母将没有依靠，将对父母造成巨大的伤害。

（三）部分大学生的孝德知行存在脱节

孝德认知是先导，孝德实践是最终目的，大学生需要实现孝德的知行合一。调查显示，部分大学生存在孝德认知与孝德行为脱节的现象。知孝行孝是每个人从小到大耳濡目染的教育。在现实生活中，大学生由于所处阶段的特殊性，在接受“输入”转为向外“输出”的过程中，孝德认知与孝德行为存在脱节现象。大学生缺少对父母的支持与理解，有一种“被动行孝”的倾向。不少大学生虽然有孝敬父母的意识，但在与父母相处的过程中仍然习惯在物质上与精神上依赖父母。当被问到“你平时会帮父母做什么事情”这个不定项选择时，超过七成的大学生指出放假在家会陪伴父母话家常，平时关心父母的健康和起居，当父母询问不了解的事情时会耐心讲解。只有五成多的大学生能做到清楚记得父母的生日和经常与父母商量事情。还有近两成的大学生平时会在网络上挥霍时间，花钱也大手大脚。当代大学生孝德缺失还表现为存在“伪孝”“愚孝”的现象。“伪孝”“愚孝”在不同时代具有不同表现形式。日常观察发现，随着网络媒体的发展以及网络平台的多样化，到母亲节、父亲节等节日时，可以看到不少大学生通过网络平台对父母送出节日祝福。部分大学生日常几乎不联系父母，却在朋友圈准时送上节日祝福，这可以说是一种典型的现代“伪孝”行为。由以往“啃老”模式演化而成的“新型啃老”模式，不光“啃”父母的金钱，还“啃”父母的时间和精力，都是现代孝德教育面临的现实问题。注重启发大学生行孝的主体性，避免陷入封建孝道误区也至关重要。调查发现，当代大学生的孝德行为受到外界的影响也比较大。向父母行孝实践中从不受外界因素影响的人只有 8.78%，偶尔受影响的人有 74.31%，总是受影响的人有 16.91%。这说明大部分大学生行孝的意志力还不够坚定，缺乏实际行动和持久行为，易受周边亲戚朋友的影响。周重浪在类似的调查中也提出当代大学生在孝行上，缺乏实际的行动和持久的行为。[1]

调查数据显示，大学生孝德比平时看到的实际状况好些，当代大学生与父母的关系整体处于良好的状态。但是也可能存在着，被调查学生为了掩饰或者应付等原因而不按照实际情况回答，从而造成调查结果与实际情况不相符。从现实生活以及网络媒体报道经常看到，不少大学生不会主动照料父母的饮食起居，不帮父母做家务，甚至有些还把父母当成出气筒，抱怨父母经济能力差。现实中，还有不少大学生在学校把宝贵的学习时间浪费在睡觉、打游戏、享乐等等无意义的事情上，根本不好好学习，考试多门不及格，有的直接导致不能完成学业，辜负父母的期望。还有的大学生不仅对父母关心少，不理解父母的苦心，对父母精神上的关爱更有

[1] 周重浪：《当代大学生孝德现状及教育对策研究》，中南大学硕士学位论文，2012 年。

限，理解关心体谅的实际行动也不够，只知道强调父母的义务，而不知道自己的义务，何谈真正落实到行动上。《梅州日报》曾报道过这样一则新闻："大连一名年轻力壮的小伙子在大学毕业之际，不敢面对就业竞争带来的压力，选择报考硕士研究生来逃避。但该同学家境贫寒，父母供不起他继续深造，于是他不顾父母年迈，竟然给残疾的母亲找了一份清洁厕所的工作，强迫自己的母亲用工资来供自己上学。"有些大学生不顾自身家庭的实际情况，在校期间肆意挥霍父母辛苦为其赚取的生活费，购买名牌手机、服饰，大吃大喝，还有些大学生嫌弃自己父母身份卑微，责怪他们没有其他同学父母有本事，不能给其优越的物质生活。不少大学生对于孝德的认识不到位，认为现在父母还年轻，并不需要对他们行孝。殊不知，对父母的孝不仅体现在父母年老时给予赡养照顾，还体现在当下生活中点点滴滴的简单行为。有一部分大学生甚至认为以后只要做到能让父母吃饱穿暖，还能不断给钱就是最大的孝德。许多大学生进入社会后具有"无责任、无力气、无感动"三无病，这样的消极表现令人失望。

可知，大部分大学生能认同孝德规范，内心也具备行孝的意识，了解父母的艰辛与不易，但却经不住诱惑，无休止地向父母索取，随意挥霍父母的血汗钱。大学生在实际行动中显示出了孝德的知与行不统一，孝德认知与孝德行为相脱节的状况。王淑红的调查研究得到类似结论，[1] 迟鑫昊的调查也是类似结果。[2] 部分大学生身上存在着严重的现实与理想的矛盾，孝德行为与孝德认知的脱节较为严重，需要引起重视。我们不能只是将"孝敬父母"作为自己的口头禅，将自己还没有进入社会具备赚钱的能力而作为自己无法践行孝德的借口。行孝体现在生活的点滴，节俭的习惯、努力的奋斗、对父母的关爱等都是孝子之心的表现。要对当代大学生进行孝德教育，解决孝行偏离问题，引导大学生真正地践行孝德。

（四）部分高校孝德教育的力度不够大

高校作为大学生学习生活的主要场所，是开展大学生孝德教育的重要主体。当前大学生孝德表现并不理想，与高校孝德教育的开展力度不强有

[1] 王淑红：《当代大学生孝德培育研究》，西北师范大学硕士学位论文，2019 年。

[2] 迟鑫昊：《新时代大学生孝道观教育研究》，河北科技大学硕士学位论文，2020 年。

关。调查发现，高校在大学生孝德教育的过程中还存在一些问题。在问到“你所在的学校开展的孝德有关活动情况时”，53.70%的大学生认为自己所在学校开展的与“孝德”有关的活动并不多，有28.75%的大学生认为自己的学校完全没有开展过此类活动，还有11.63%的人不清楚，只有5.92%的人认为非常多。李茹霞的调查也再次验证了这个情况，在关于“学校开展孝德有关活动的情况”这个问题中，16.2%的学生认为非常多，46%的学生认为偶尔会开展，27.6%的学生认为没有开展或者自己平常并不留意，10.2%的学生不清楚。[1]

当前还有一些高校对于孝德教育活动还不够重视，学校开展的孝德教育活动比较少，或者普及面不够大，影响力不够强，很多学生都不知道。高校开展的大学生孝德教育效果并不理想，并未取得大学生的认可。在问及大学生“对于所在学校开展孝德教育效果的评价”时，超过六成的大学生认为效果一般，还有一成左右的大学生认为比较差，只有两成的大学生认为比较好，认为很好的只有极少数。这说明大多数学生对于所在学校开展孝德教育情况的评价不高。而针对“你对所在学校德育课程中孝德教育的内容感兴趣的程度”这个问题，仅有21.56%的人回答很感兴趣，高达64.59%的人回答一般，还有13.85%的人回答完全不感兴趣。李茹霞也做了同样研究，44%的同学表示很感兴趣，50.8%的同学表示一般，5.2%的同学表示不感兴趣。[2] 两个调查得出的结果都显示，大学生对于当前高校德育课程还是比较认同，但是也有超过一半的同学并没有表现出很高的兴趣。这说明当前高校开展孝德教育的课程内容还不够有吸引力和针对性，仍有待进一步改善，不断创新课程内容，丰富课程教学形式。

在“你平时接受孝德教育主要是通过什么途径”这个不定项选择中，选择家庭教育的比例最高，其次是学校教育，最少的是社会影响。这三种教育途径的比例相差并不大，说明当代大学生的孝德教育要综合运用家庭、学校和社会的力量，三者不可偏废其一。对于“你所在学校一般以哪些形式开展孝德教育活动”这个问题，选择课堂讲授的占比最多，达到51.4%，其次是社会实践活动，占到40.17%，排在第三位的是社团活动，

[1] 李茹霞:《大学生孝德观培育研究》，太原科技大学硕士学位论文，2019年。

[2] 李茹霞:《大学生孝德观培育研究》，太原科技大学硕士学位论文，2019年。

有 37.92%，还有 27.81% 的同学选择了其他。而对于“你比较感兴趣学校孝德教育中的哪些方式”这个多项选择的问题，大学生最感兴趣的孝德教育方式是观看孝德影视作品，有 67.34%；其次则是课外实践，有 57.08%；而选择开展主题班会、阅读书籍这两种方式选择的人也稍多些，分别有 44.82%、41.33%；仅有 34.04% 选择课堂讲授，还有少数选择了漫画展览或其他。这个调查数据说明，当前大学生比较能接受孝德教育方式与学校提供的教育方式存在矛盾之处。

高校开展孝德教育不能只重视传统课堂讲授的方式，还需要丰富教学方法和创新教学内容，贴近学生，贴近实际，关注学生感兴趣的教育内容和教学方式，提高教育的吸引力和感染力。针对开展大学生孝德教育，不少大学生都提出要注意教育形式和手段的创新，多实践少灌输，理论与实践相结合。一些大学生也提出希望学校多运用网络手段、社会实践方式，组织开展主题班会、观看孝德相关的主题电影，或者是开设专门孝德课程和讲座等方式，加强孝德宣传教育力度，创造良好的校园环境氛围，提高大学生的孝德意识。高校应注重孝德教育方式方法的创新，将课堂理论教学与实践教学相结合，运用多种手段开展孝德教育。通过组织开展孝德主题团日活动，组织学生参与孝德社会实践，将孝德教育渗透到大学生日常生活中，引导大学生从生活小事做起，从而实现大学生孝德教育的目的，将孝德内化于心中，外化于行为。

第三节　当代大学生孝德问题的影响因素

马克思主义认为，事物发展变化是内因和外因共同作用的结果。当代大学生孝德问题的影响因素是多方面、多层次的，既有外在社会大环境、学校教育环境、家庭成长环境等多种外在因素的影响，也有大学生自身内部因素的影响。从根本上看，家庭、社会与学校一样都起着教育学生的作用，但是多种教育渠道之间还没有发挥合力，有时甚至出现相互消解，这使得大学生孝德状况受到更多负面影响。

一、社会因素：社会环境形势复杂多变

当今世界正经历重大而深刻的历史性变革，经济复苏乏力、局部冲突不断，全球处于深度调整期。当前，世界百年未有之大变局加速演进，世界之变、时代之变、历史之变的特征更加明显。随着我国国际化进程加快，比历史任何时候更接近世界舞台中央，世界各种社会思潮渗透到我国政治、经济、文化各方面。复杂的国际环境、没有硝烟的价值观念渗透，给我国高校德育工作带来了巨大的挑战。文化多元化趋势导致世界各国文化相互融合影响，我国社会也受到各种文化的冲击，影响着人们的思想行为方式。在市场经济和西方社会思想的影响下，人们更加注重追求个人利益，追求精致利己主义，忽视家庭责任和社会责任。社会道德领域上出现的问题，对当代大学生孝德培养产生了消极影响。

（一）市场经济和西方社会思想的不良影响

马克思、恩格斯认为："随着每一次社会秩序的巨大历史变革，人们的观点和观念也会发生变革。"[1] 当前中国社会主要矛盾已经改变，经济社会环境也不一样，人们的思想价值也产生了很大变化。一方面，伴随着社会主义市场经济的发展，改革进入深水区，开放进入新征程，社会主义市场经济更具活力，使得我国经济获得了快速发展，人们的物质财富极大丰富。另一方面，社会个体意愿得到充分合理释放，人们对于美好生活的精神需求也有了更高期待。社会思想文化日益多元，社会各阶层价值主体也有了更多样化要求、更深层次需要，人们的思想观念、价值取向也呈现分层次、多样性趋势。处在社会大变革时代，思想价值领域复杂多变，个体自我意识膨胀，思想价值取向出现"去中心化和权威化"的趋势，内心产生激烈的价值冲突和思想困惑，这也容易造成人们的理想信念和道德归属感缺失。近年来，社会上"躺平""躺赢""拼爹""啃老""嫁富""仇官"等不良现象突出，折射出人们的好逸恶劳、投机取巧、愤世嫉俗等心态比

[1]《马克思恩格斯全集》（第 10 卷），人民出版社 1998 年版，第 253 页。

较严重。社会思想道德领域还时常发生一些行为失范现象，比如官员贪污腐败、社会道德缺失等，这一定程度上反映了社会价值信仰体系的分化和道德约束的削弱。在这些社会环境之下，人们会产生理想信念弱化、价值取向偏差、精神生活贫乏、极端情绪盛行等不良倾向。再加上面临巨大的社会生活压力，人们更容易产生从众心理、怀疑心态和不满情绪。当社会负面事件出现时，这些人就会推波助澜、添油加醋。这些不良社会现象引起了人们对现有价值体系的怀疑，对社会主流价值和政治信仰产生动摇。

大学生受到个人利益至上、拜金主义等错误观念的影响，出现重利轻德现象，只注重物质利益而忽视思想道德。随着经济全球化发展，不仅带来了我国经济的快速发展，也使得我国深受西方文化价值的影响。大学生不可避免地受到西方文化和价值观念的影响，使他们的思想观念、思维方式和价值取向发生深刻的变化。随着自由主义、娱乐主义等文化思潮的冲击，以及互联网的崛起、网络文化的包围，使得大学生群体中出现了个人主义、功利主义等不良的思想倾向。当代大学生追求个人利益，无视社会责任，不谈无私奉献，甚至部分大学生引以为豪。随着西方文化在中国的传播，中华传统文化的弘扬受到冲击，许多学生对西方文化十分狂热，却对本国文化不甚了解。很多大学生对于中华优秀传统孝德不感兴趣，也不愿意去学习了解，对此更是知之甚少，发扬传承中华优秀传统孝德也无从谈起。尤其在西方文化的冲击之下，大学生的思想观念、价值取向发生变化。西方以个人主义为信条，强调公民权利至上，在个人与社会、家庭的关系中，个人的需要和利益放在首要位置。西方所倡导的家庭文化与我国传统家庭文化有所不同。西方家庭更提倡个人本位价值观，推崇个人至上，强调子女和父母的关系是相互独立的，父母尊重子女独立人格和个性自由，不强调子女对父母的赡养责任，这有别于我国传统文化强调的“家庭本位”“家人至上”。大学生受到西方亲子观念的影响，崇尚西方的自由主义，既想学习西方独立自主的思想，摆脱父母的束缚，但又无法摆脱对父母物质上和经济上的依赖。这也造成大学生在道德行为上出现偏差，看重个人利益，日渐忽略对父母、对家庭的责任感。

（二）大众传媒没有充分发挥正向传播作用

网络信息时代，网络媒体相较于传统媒体，具有信息传播速度更快、实效性更强等特点。它不仅改变着经济发展方式与社会结构，也改变着人们的行为模式与思想观念。青少年是网络受众最广的群体，他们在网络上可以随时与他人交流，可以涉猎很多领域。网络媒体满足了青少年学习、生活、娱乐的需求，打破了传统媒体因为空间而受到阻碍的局限性。然而，大数据时代带来的大量信息和多样来源也产生了一系列的问题。美国文化媒介研究学者尼尔·波兹曼认为，现代发达的传播媒介扩大了人们获取信息的途径，但是它们却使信息变得没有内容、没有历史、没有语境，也就是说，信息没包装成为娱乐。[1] 随着网络媒介的快速发展，一些不良社会思想在网民中的影响力不断扩大，已经广泛影响社会大众生活。在全媒体时代和泛娱乐主义影响下，网络媒体话语都以娱乐性方式表达出来，并逐渐成为一种精神文化。网络媒体传播低级文化，网络监管制度不能全面覆盖，对传统文化宣传没有保障机制。当代大学生享受着网络媒体提供的广泛信息，也对其人生观、价值观和道德观构成了威胁。特别是大众传播媒介日趋开放，大学生受到更多大众媒介的影响，借助发达的媒介了解各种信息。青少年的身心还未完全成熟，没有老师和家长正确引导的孩子受到网络媒体不健康信息的引导，容易形成错误的人生观和价值观，往往容易走上歪路。

当前由于文化产业的市场化，一些网络媒体、电视节目为了经济效益，盲目模仿国外，大量引进国外的娱乐节目。很多网络节目粗制滥造，一些不健康的影视文化作品充斥文化市场，宣传娱乐主义、享乐主义等不良思想，对大学生产生负面影响。还有一些网络媒体为了博取点击率，制造噱头，歪曲事实，报道社会上的热点事件，传递负能量。大学生很容易受到迷惑，产生困惑、迷茫的消极心理。网络上充斥着大量不良信息，信息垃圾使大学生的思想道德意识模糊，其人生观、道德观和价值观容易发生扭曲。特别是一些网络媒体缺乏有效管理，没有遵守媒体素质，会宣传不良思想误导大学生。近年来，层出不穷的短视频节目、综艺真人秀节目、娱乐直播平台内容都充斥着娱乐快餐式消费文化，这都对社会大众产生了不好的价值导向和行为示范。娱乐主义、享乐主义流行，使得人们过度追求物质享受，价值取向物欲化，道德取向庸俗化，淡化人们对现实世

[1] 尼尔·波兹曼：《娱乐至死》，章艳，译，中信出版社 2015 年版，第 168 页。

界和政治生活的关注，消解社会主义核心价值观的话语权威。基于追星的“饭圈”文化正在网络社会兴起，“饭圈”是纪律严明、分工明确、行动力极强的粉丝社群，其中不乏大学生群体。[1]“混圈”的大学生往往会投入大量的时间与精力去追星，疏于对家人的关切与爱护。面对网络空间的复杂环境，我们比以往任何时候都更加需要培养大学生的道德判断和道德选择能力。应对多元文化的冲击、防范网络不良思想的侵蚀，守住中华优秀传统孝德阵地，也应成为大众传媒理当承担的责任。

二、教育因素：学校孝德教育不完善

当前，高校不再是与世隔绝的象牙塔，但人们对高校的期待仍然有“伊甸园式”的美好。在网络信息时代，社会环境发生变化，教育环境也发生改变，对高校孝德教育也提出了更高要求。美国信息传播专家尼古拉斯·尼葛洛庞帝指出：“信息社会，最大的鸿沟横亘在两代人之间，当孩子们霸占了全球的信息资源时，需要努力学习、迎头赶上的是成年人。对教育者来说，更是如此。”[2] 网络信息时代的发展，对高校教育者提出了新要求。由于高校德育工作跟不上社会变化，也对大学生的人生观、道德观、价值观产生了消极影响。当前高校在孝德教育方面仍然存在一些问题，孝德教育的渗透效果不够好，校园文化活动形式不够丰富，使得大学生孝德教育并未达到应有成效。

（一）孝德教育的渗透效果不够好

高校对孝德教育的重视程度还不够高，大学生孝德品行意识较为淡薄。虽然当前教育以培养德智体美劳全面发展的时代新人为目标，但是在实施教育过程中却没有很好贯彻。学校对于学生德育培养往往变成“说起来重要，干起来次要，关键时不要”的普遍现象。一直以来，我国教育导

[1] 吕鹏、张原：《青少年“饭圈文化”的社会学视角解读》，《中国青年研究》2019年第5期。

[2] [美]尼古拉斯·尼葛洛庞帝：《数字化生存》，胡泳等，译，海南出版社1997年版，第2页。

向以考试、成绩、升学、就业等为目标，衡量学生的指标较为单一，以此作为主要标准去度量学生是否优秀。在这种形势下，大学生也比较热衷于专业性、实用性较强的课程，以便在择业、升学过程中获得更好的机会，对于道德教育课程抱着较大的抵触心态，造成了孝德教育的偏差，影响了大学生品德修养的形成。将中华优秀传统孝德文化融入高校思想政治理论课，增强大学生的文化自信、文化自觉，思政课教师任重道远。部分教师在思想政治理论课上也会讲述一些孝德教育内容，但十分有限、笼统。理论化的教学课程、枯燥乏味的教学内容，降低了大学生学习孝德的兴趣，大学生孝德教育的效果也大打折扣。高校教学模式单一，课程形式不够丰富多样。一些思政课教师并不完全了解大学生孝德需求与认知状况，忽视大学生个体差异性，这不仅降低了学生学习主动性和兴趣，也忽视了大学生的成长需要。孝德教育轻视实践教学引导，往往容易导致学生失去孝德实践的机会，不能深刻理解孝德的真正意义，也容易造成孝德教育的知行脱节。虽然当前大力倡导课程思政与思政课程同向同行，依然还有一些专业教师不够重视学生思想道德教育，在专业课程教学中没有很好地贯彻育人思想。还有一些高校虽然增加了优秀传统文化的教育课程，但是对孝德教育仍然缺少，此类课程多是放置于选修课程教育中。为从本质上解决问题，不但要适当加强此类课程教学，更重要的是调动学生主动性，提高学生对孝德文化的学习兴趣。

（二）孝德融入高校的载体相对比较单一

中华优秀传统孝德要融入高校思想政治教育之中，需要借助各种教育载体的力量。当前课堂教学的局限性比较明显，没有完全调动大学生对学习孝德文化的兴趣，学习效果也不尽如人意。在网络信息时代，大学生获取知识的途径非常多，但是高校忽视了各种文化载体、活动载体的功能，尤其是没有充分发挥新媒体载体平台的优势。校园文化活动与课堂教学相结合，是孝德教育融入大学生的重要手段。调查发现，众多高校并未充分开展校园孝德文化活动，校园孝德文化活动的普及力度和宣传力度还不够强。有些孝德活动效果不够好，活动注重形式，没有达到实质效果。高校传播优秀传统文化的校园社团也比较少，学生参与的范围不大，有一定的局限性。校园孝德宣传力度较小，诸如宣传板、图书馆、阅读栏、广播站等缺少传递孝亲敬老观念的行动，校园缺少尊礼倡孝的文化氛围，使得大学生无法在潜移默化中受到孝德文化的感染和熏陶。学校部分学生组织衍生出官僚主义，背离了服务学生的初衷。一些高年级学生将“主席”“部长”等职务当成职权，以领导自居，骄傲自满，怠慢身边同学，不尊重父母。还有一些学生刻意捣乱，反对老师，忤逆父母。高校新媒体对大学生的思想行为、价值导向和道德品质发挥了重要影响。但是不少高校在孝德教育过程中，还未充分发挥学校网站、微信公众号和官方微博等新媒体优势，未有效地将新型的载体与传统的教学方式将结合，没有实现线上与线下的完美融合，未能发挥其孝德教育的最大效果。

三、家庭因素：家庭孝德教育有所缺位

家庭教育是指在家庭生活中由家长对其子女所实施的教育，也包括家庭成员之间相互的影响和教育。要充分发挥家庭教育的作用，跟家庭环境的影响息息相关。家庭环境对大学生成长作用是长期的，家庭教育对大学生孝德的养成具有最直接的影响。

（一）家庭教育观念和方式的失衡

随着时代的发展进步，中国父母愈发意识到教育的重要性。中国很多父母会把自己的人生梦想或人生意愿强加给自己的孩子。如果孩子违背了或是达不到父母的期望，父母就会万分失望，这违背了家庭教育的以人为本原则。孩子是家庭教育的核心，父母应该尊重孩子的意愿，并合理地引导他们。现代社会竞争激烈，每个父母都不希望自己的孩子输在“起跑线”上。于是常有父母不顾孩子的生理和心理发育规律，盲目实施超前教育的“拔苗助长”行为。父母过度重视孩子智商却轻视情商，只重视学习及学业成绩，忽视基本的感恩教育、责任教育等情商问题。在很多父母的教育理念里，孩子的最大任务是学习，取得好成绩，拿到高学历。为了给孩子创造最舒适的学习环境，在家里不用孩子做任何家务，造成孩子的独立自理能力较差等问题。在“除了学习，什么也不用担心”的教育理念长期影响下，也难以养成对家庭的责任感，对父母的感激之情。还有的家庭对待孩子过于溺爱，父母长辈对孩子百般呵护，造成孩子习惯于以自我为

中心，只注重自我感受心理，不关心他人，不为他人着想。虽然大部分大学生做得比较好，但一些家中的“独苗”由于家长的过分溺爱造就了他们为人处世只从自身利益出发，从不考虑父母的感受，有些稍有不顺其意就向父母大发脾气、顶撞辱骂，甚至拳脚相加。不少大学生认为父母的无私奉献和倾心付出是理所应当的，只懂得索取，不懂得付出与感恩。网络上发生的在西班牙留学的中国女孩索要生活费未果辱骂父亲，并将聊天记录发布到网上发泄不满事件，引起了社会广泛关注。这个事件说明了家庭教育非常重要，父母要从小教育孩子懂感恩、体谅父母。否则，往往容易造成孩子长大后不仅没有赡养父母、孝敬父母的意识，甚至还会出现因为自身要求得不到满足而虐待父母等极端行为。还有部分学生受到西方个人主义价值观念影响，追求个人权利、强调个人需要。一些父母没有意识到孩子的内心需要和心理需求，采取大家长式的威权教育方式，不尊重孩子的独立人格和个性自由，造成亲子关系的不和谐。

（二）父母没有做好榜样示范

教育的“根”是从家庭延伸出来的，而家庭的经营者关键在父母。家庭教育对孩子的培养发挥着关键作用。父母在日常生活中的一言一行、一举一动，都会成为孩子模仿的对象。从心理学角度上来看，模仿是孩子最初的，也是最熟练的学习手段。大学生孝德意识形成和孝德行为表现，都与父母的榜样示范有着极其密切的联系。榜样示范是通过具有典型、榜样意义的人或事（正面的、先进的）的示范引导作用，教育人们提高思想认识、规范自身行为的方法。[1] 父母要以身作则，与其告诉孩子怎么做，不如做给孩子看。家庭是大学生孝德教育的原生态组织，家庭教育氛围对大学生的德行培养起着基础性作用。有些家庭，由于父母从小只注重孩子的学习成绩，不重视品质修养，孩子自然也会受到影响，养成重智商轻道德的心理。有一则小故事：一对夫妻嫌弃年迈的老母亲拖累了自己的生活，两个人用一个竹筐将老母亲抬到山上扔下就转身回家，却发现小儿子转头把竹筐捡了回来。夫妻二人不解，问儿子为什么要把竹筐捡回来，儿

[1] 陈万柏、张耀灿：《思想政治教育学原理（第3版）》，高等教育出版社2015年版，第226页。

子说，等将来你们老了我也可以用这个竹筐把你们扔到山上去，夫妻二人大惊，赶忙把年迈的老母亲接回了家，这则小故事充分地说明了父母的行为对孩子的巨大影响。一些父母对父辈大呼小叫、颐指气使，不赡养不孝敬，或者给父辈脸色看，子女从小耳濡目染，自然没办法做到孝顺父母。有一些父母事必躬亲、包办现象严重，一直不断付出，导致子女从小习惯于索取。这些家庭成长起来的孩子，容易习惯于父母长辈的付出，长期在这样的状态下会逐渐变得麻木，没有孝顺心和责任感。有的父母管教孩子不注重方法，采取简单粗暴方式，不尊重孩子，忽视孩子的心理健康问题，孩子与父母无法正常沟通，关系十分紧张，出现感情的裂痕，往往容易引起孩子的反感和逆反心理。北大学子吴某以残忍手段将独自抚养他长大成人的母亲杀害事件就是最有力的证明。还有一些父母，平时对待子女只注重物质上的给予，不注重情感上的交流。同样的，这些孩子今后对待父母也往往会忽视精神上的关心慰藉。还有一些父母只看重名利权势，在职位上贪污腐败，没有做到好的行为示范，对大学生的思想道德也产生了极大的负面影响。

四、个体因素：大学生忽视孝德修养

自我修养是一个人按照一定社会或一定阶级的要求，经过学习、磨炼、涵养和陶冶，为提高自己的素质和能力，在各方面进行的自我教育和自我塑造，是实现自我完善的必由之路，也是个人道德修养能力培养和自我道德完善的过程。大学生身心发展尚未完全成熟，有着较强的自我意识，但自我控制能力不强，自身孝德修养水平有待提高。大学生只有自觉意识到孝德的重要性，增强孝德学习的主动性，树立正确的人生观、世界观和价值观，才能养成良好的孝德修养。

（一）大学生身心发展不够成熟

当代大学生多数是“00后”，年龄处于18岁到24岁左右。这个时期正是一个人生理心理急剧变化、生长发育迅速成熟的关键时期，也是人生最美好、最灿烂的黄金时期。[1] 这一阶段大学生的身体和心理还处于未完全成熟阶段，虽然具有比较强的接受能力，但是价值判断和辨别是非能力比较差。大学生从小受到成长环境和家庭宠爱的影响，年龄的增长并未带来责任感的增强，部分大学生过于自我，缺乏相应的责任意识和家庭意识；一些大学生为了达到自己的目的和欲望，毫不关心他人的想法，我行我素；一些大学生没有经受过生活的磨炼，独立自主能力和行动能力差，即使意识到自己的孝德责任，也不能升华为一种自觉的行动，更缺乏对自身孝德修养的要求。大学生身心未成熟、涉世未深、社会经验少，往往缺乏理性思辨和分析选择的能力，易受外界舆论带动，出现价值选择上的两难。在网络信息时代，当代大学生易受到网络空间的思想意识影响，道德意识、道德情感、道德行为等方面受到网络舆论左右。面对网络上出现的功利主义、拜金主义等消极观念的影响，大学生往往无所适从，感到迷茫和焦虑。现在大学生谈恋爱的比例越来越高，大学生谈恋爱之后，往往只关注对方，为了取悦对方花费不菲，而对父母一味地索取。甚至有部分大学生过早结婚，进入婚姻生活，但是并不具备经济能力，仍需要靠父母承担生活费用，增加父母的压力。当代大学生在道德认识、道德意志和道德行为方面还不够成熟，容易受到当前社会不良思想的影响，思想与言行趋于功利化，道德取向发生扭曲。大学生孝顺父母、关爱长辈的意识与行为已经大打折扣，也更放松对自身的孝德要求与约束，导致不能养成良好的孝德修养。

（二）大学生缺乏孝德学习动力

孝亲敬老是中华民族延续几千年的优秀传统文化，至今依然有着重要的时代价值。调研发现，当代大学生对于传统孝德文化的认知比较肤浅，没有引起应有的重视。一方面，新文化运动时期传统孝德成为批判的对象，以及“文革”时期的特殊原因，其弘扬传承受到一定的影响。当代大学生受到这些历史因素的影响，认为孝德文化源于封建社会，是封建时代的产物，带着消极、保守、落后的色彩。还有一些学生追求个人主义价

[1] 北京大学马克思主义学院组编：《当代大学生思想道德教育的理论与方法》，北京大学出版社 2007 年版，第 221 页。

值观，鄙视中国传统道德，造成思想混乱。对于中华优秀传统孝德所传递的“父慈子孝”“善事父母”“尊祖敬宗”“忠心爱国”等思想内核和精神实质，没有形成正确的认识，采取的是全盘抵制的心态，更不可能有学习的兴趣和动力。另一方面，在快节奏的信息时代，当代大学生被各种现代文明所吸引，潮流时尚成为大学生文化观的标志。不少大学生趋向于追求新鲜刺激感，传统文化给他们留下的是枯燥乏味的刻板印象，尤其是传统的、旧式的孝德文化无疑被大学生打上了晦涩、过时、古板的烙印。当代大学生对传统文化没有多少了解，也失去了洞悉传统文化的兴趣，从而加重了他们对待中华优秀传统孝德的偏颇心态。一些大学生甚至将热衷传统文化的人视为异类，认为这种做法是时代的倒退。大学生对传统文化的错误认知，也增加了弘扬中华优秀传统孝德的难度。网络时代，网络渗透于大学生日常生活，很多学生宁愿将大把时间用在浸泡网络此类无意义的事情上，也不会愿意把时间用在阅读传统文化、阅读经典书籍上。大学生也受到功利主义的严重影响，凡事追求回报和效率，孝德学习见不到速成的结果，更不会产生对孝德的学习兴趣和动力。

综上，笔者在对已有文献研究以及实证调查研究的基础上，对当代大学生的孝德问题及影响因素进行了深入的系统分析及归纳总结。当代大学生孝德还存在一些问题，要提高大学生群体的孝德观念，增强孝德情感，形成自觉的孝德行为，只有充分发挥学校、家庭、社会和大学生自身等多方面的力量，多管齐下，形成学校、家庭、社会和个人的良性互动，才能最大化地实现孝德教育的良好效果，营造崇德向善的良好社会氛围。

第四章　加强当代大学生孝德教育的现实路径

面对国际国内形势的复杂变化、意识形态领域斗争的激烈形势，高校德育工作必须紧跟时代步伐，满足新时代“培养什么人，如何培养人以及为谁培养人”的根本要求，培养能够担当民族复兴大任的时代新人。人是社会属性与个体属性相统一的，学校、家庭、社会在个人的成长过程中起着非常重要的作用，也为人的自我教育创造了充分的条件和可能。青年学生思想道德建设是一项系统工程，离不开学校、家庭、社会各界的紧密配合。大学生孝德教育问题是思想道德建设的重要内容，是思想道德教育的基础性问题，关系到大学生人格健全和道德素质的培养。大学生孝德教育需要充分运用社会氛围影响、学校教育引导、家庭环境熏陶以及个体自身教育等多种途径，培养大学生形成孝德观念、孝德情感和孝德行为。

第一节　优化环境：创设崇尚孝德的社会氛围

思想政治教育环境是影响人的思想与行为，影响思想政治教育活动开展的一切外部因素的总和。[1] 学校教育是培养人的信仰、塑造人的价值观、激励人的道德养成的实践活动，不可避免地会受到社会环境的影响。学校教育从来不是一个封闭的系统，无论从理论上还是实践上始终受到社会环境的影响。人的本质是社会性的，无时无刻不受着社会环境的熏染，社会环境是影响高校教育的重要因素。大学生作为社会的栋梁、民族的希望，无论是家庭生活，还是校园生活，都摆脱不了其本身作为一个社会人所应该承担的责任和义务，同时也摆脱不了社会对他们产生的影响和作用。与此同时，社会是大学生实践的重要场所和展示平台，大学生与社会的互动十分频繁。大学生作为社会活跃群体，受到社会环境的影响程度也更深。良好的社会环境能够影响人，良好的社会氛围能够感染人。加强大学生孝德教育、倡导孝德思想、表彰孝德行为、宣传孝德事迹，不仅仅应该存在于大学校园，更应该存在于全社会。从家庭到学校、从学校到社会，都要掀起一股孝敬父母、尊敬长辈之风，使大学生沐浴在孝行、孝心的美好氛围之中，由此自然而然、内心愉悦地接受孝德思想、倡导孝德行为。

一、强化大众传媒的孝德正面宣传

网络空间成为跨越时空高度开放、多元主体广泛参与、各种思想文化相互激荡的公共空间，成为广大网民展现自我、表达诉求、传播信息、交流思想的“社交橱窗”“意见广场”“观念市集”与“思想战场”。网络空间思想互动的日益加深，呼唤网络空间的思想价值引领，网络思想政治教育也应运而生，成为思想政治教育的新形态。[2] 网络信息时代，作为信息传播媒介的大众传媒开始扮演着越来越重要的角色。在网络技术的推力之下，大众媒介成为信息的发射源与过滤网，影响着人们的精神面貌和思想观念。大众传媒信息传播广泛而快捷，影响深刻而持久。当代大学生成长于信息时代，心理上和年龄上处于青年期，价值观念、行为方式易受社会环境和网络舆论的影响，我们更需要发挥大众传媒对大学生的正向引导作

[1] 秦晓华：《提升大学生思想政治教育亲和力探析》，《学校党建与思想教育》2017年第19期。

[2] 骆郁廷：《论思想政治教育的普遍贯通》，《马克思主义研究》2022年第9期。

用。处于新媒体时代，媒体传播渠道越来越多样，学习途径也越来越丰富和便捷。要营造良好的社会舆论环境，不仅要充分利用纸媒、电视、广播等传统媒介，也要充分利用网络电视、微博、微信、视频等新媒体。大众传播媒体必须具备应有的社会责任感，培养公众的孝德意识，引导公众的孝德行为，营造倡导孝德的社会舆论氛围。综合运用传统媒体、新媒体等形式搭建孝德宣传平台，开展持续有效的孝德宣传教育。通过开展广泛的宣传活动，提高人们对孝德精神的认知，才会产生主动学习孝德精神的心理情绪和自我需要心理，逐渐将其转化为自身价值观念和行为规范。

（一）充分发挥大众媒体的舆论宣传作用

广泛宣传报道孝德典型人物事迹，引导人们学习孝德榜样人物。大众媒体广泛宣传报道二十大党代表刘秀祥的先进事迹：2008 年贵州省望谟县的高中毕业生刘秀祥背着患病的母亲，跋涉千里到山东读大学，一时引起轰动。即将大学毕业的刘秀祥面对许多企业的邀约，却选择回到家乡奉献于基础教育事业。刘秀祥想到自己靠上学改变了命运，但在贫困的家乡还有许多需要帮助的孩子，加上仍记得自己当年初入大学时的不适应，从贫困的家乡到繁华的城市，那种差距让他难忘。他希望全面培养学生的素养：当众演讲、当众表演才艺，锻炼胆量；希望这些学生到了大学，不会再像自己当年那么胆怯。回乡 10 年，投身家乡教育事业的刘秀祥身上多了许多耀眼的光环，最初的心愿逐渐变成现实。2012 年，望谟全县只有 70 人被本科院校录取；2022 年，1302 人考上本科，总上线率达到 55.48%。他很高兴自己为此出了一份力。[1]《人民日报》报道的 95 后女孩辞职带爷爷旅行引起网络热议，一位八旬爷爷带着已故奶奶的照片到天安门合影视频引发网友点赞，背后的故事也让人感动。小万今年 25 岁，大学毕业后留在成都工作。奶奶过世后爷爷独居非常孤独，由于偶然间知道爷爷还有很多地方想去没有去，今年 5 月她辞去了工作，制定了爷爷的 100 个愿望，想一边陪爷爷逐一实现，一边用视频进行记录，84 岁的万爷爷第一次来北京看升国旗时很激动，遗憾奶奶看不到，默默拿出了已故奶奶的照片让孙女帮忙拍照。人民网报道的武汉大学博士生每天跑着帮父母送外卖。

[1] 本报记者：《刘秀祥：十年助学走乡村》，《中国青年报》2022 年 10 月 22 日。

28岁的“外卖小哥”杨德坤，是武汉大学工业科学研究院机械电子工程专业2020级博士研究生。为了便于照顾患病的父母，他把父母从山东农村接到武汉，在东湖村租了一个门面卖菜煎饼。他平时有课业和科研任务，一有空就会到店里帮忙配菜、送外卖，他说“只要父母开心，我跑点腿没关系”。这些新闻得到了网民的广泛关注和良好反响。通过权威媒体报道孝德榜样人物先进事迹使孝德教育取得了良好宣传效果。大众媒体要弘扬孝德观念，深化人们对于孝德的认知，增强孝德宣传效果，营造良好的孝德宣传氛围，引导人们在日常生活中践行孝德行为，发挥大众媒体的正向导向，坚守正确的舆论方向。同时，要增强大众媒体的监督作用，传媒作为社会信息传播的重要媒介，应主动担负起对公众孝德孝行规范的监督职责。面对社会中出现的违反孝德的失德现象，大众媒体要及时表明坚决反对的态度，加强媒体舆论，批评惩罚社会歪曲孝德的事件、谴责败坏孝德的不良行为以及不孝之人。中央文明办可通过中国文明网等平台宣传孝老爱亲典型，曝光不肖子孙案例，通过这样的舆论引导，积极营造“以孝敬父母为荣，虐待父母为耻”的良好社会氛围，潜移默化地影响大学生的孝德观念。

（二）依靠大众媒体的力量进行孝德正面教育引导

积极宣传大学生孝德榜样人物和孝德先进典型事迹，对他们的孝德行为给予充分肯定。大学生孝德榜样对大学生来说，具有真实性、说服力。要充分发挥大学生孝德榜样的高尚人格魅力，为学生树立学习榜样，勉励学生崇尚孝德，为大学生提供源源不断的精神力量。《人民日报》《中国青年报》、中国文明网等权威媒体曾广泛报道了孝心男孩带着病母上大学事件：1998年12月出生的陈重私，从11岁起就照顾因小儿麻痹症双腿残疾的母亲。2018年陈重私毅然放弃省外求学的理想，选择留在海南读书。他给自己定下目标，无论付出多大代价，也要守住这个家。陈重私带着母亲走进大学校园，走上了一边求学、一边照顾母亲的艰辛之路，展现着当代大学生至善至真的孝行美德，获得了第八届全国道德模范荣誉称号。还有引起搜狐网、腾讯网、陕西法制网等众多媒体广泛报道的广东茂名18岁女孩黎海坚的事迹：寒窗苦读终于考中了自己心仪大学的广东茂名姑娘黎海坚，从出生起就在奶奶的照顾下长大成人。考上大学后，她决定带着奶奶去上学。她说，以后一定会好好照顾奶奶，努力学习，决不辜负大家的期望，争取学医回来造福社会。通过大众媒体广泛宣传报道这些大学生孝老敬亲的先进典型，利用媒体的力量积极引导大学生学习榜样，以榜样的力量带动更多大学生效仿，可以起到比较好的效果。每两年评选一次的全国道德模范，每次都涌现了不少孝亲爱老的道德典型，包括大学生先进典型。通过大众媒体广泛宣传，对于倡导和宣传孝亲敬老美德具有积极作用。

（三）充分发挥大众媒体力量宣传孝德

开展宣传过程中要注重传统媒体和新媒体的创新运用，发挥融媒体宣传孝德的话语权和主动权，积极引导正面宣传舆论，提高主流媒体的辐射力和影响面。特别是要运用新媒体，集合音乐、图片、视频、互动等技术优势，并融合戏剧、影视、综艺等各种元素，探索创新媒体宣传孝德的方式。首先，利用电视、网络等平台积极宣传孝德孝行，打造孝德综艺节目或文艺节目。播放孝德故事、孝德电影、孝德讲座等，如湖南卫视制作的《旋风孝子》真人秀节目，以孝为切入点，直击人伦亲情，人性本善，引起公众的反思、效仿，传递正能量。电视台可以通过动漫、公益短片、公益广告等形式加强孝德宣传，制造弘扬孝德的舆论氛围。央视的孝德公益广告《别让等待成为遗憾》，给人留下了深刻的印象，讲述了父母从子女出生开始便一路无私付出，直至子女成家立业，却迟迟等不到可以“享福”的时刻。这则公益广告虽然简短，却承载着浓浓的孝德思想，以大众喜闻乐见的方式呈现出来，给人深刻印象，契合当下社会呼唤孝德的需求，起到了引导社会正向舆论和宣传孝德的效果。其次，大众媒体要积极宣传社会孝德活动，引导社会注重感恩父母、良好家风塑造的舆论导向。《山西日报》专门报道了大学生家书活动的开展，全文刊载《90后大学生给父母的一封信》等家书内容，也有媒体报道了湘潭县纪委监委、县委宣传部、县妇联联合举办的“一封家书纸短情长”家书分享沙龙暨家庭文明建设活动。这些活动可以促进亲子交流，增进亲子关系，激发广大青少年感恩父母，感恩社会，报效祖国。主办方组织学生和父母共同参与了家书活动分享，分享者讲述了他们与父母的故事、感恩父母的家书。与会者听了家书作者的深情分享，数次感动落泪。这是媒体报道中刊载的部分分享者的家书内容：

《周上上给父母的一封家书》："爸爸妈妈，我在一天天长大，慢慢地明白了你们的良苦用心。以前，你们对我的唠叨，我充耳不闻，现在才知道那是世界上最美的语言；以前，我不明白为什么在我摔跤时，你们总是让我自个儿爬起来，现在才知道不扶我，是要我学会坚强。你们的爱，就像一杯茶，把苦涩保留在心中，散发出来的是缕缕清香……"朴实的语言、鲜活的故事生动地展示了什么是"父爱如山，母爱似水"，爸爸的深沉隐忍、妈妈的细致温柔，不仅让周上上同学学会了感恩，还让她学会了用自己独特的方式去回报父母的付出。

《罗明韬给父母的一封家书》："父亲，我想对您说：在我陷入困境时，是您告诉我要坚强，男儿永不言弃；在我对自己的成绩沾沾自喜时，是您告诫我骄傲使人落后，虚心使人进步；在我面对前方的漫漫征途而迷惘时，是您鼓励我路漫漫其修远兮，吾将上下而求索……"罗明韬同学提笔写了一封家书给他最敬爱的父亲。父亲用坚实的臂膀撑起小家，他是伟岸的；父亲用简单的道理教育孩子，他是睿智的；父亲用高品质的陪伴解开心结，他是慈爱的。世界上如果有完美的人，那一定就是罗明韬眼里的父亲。

《张超然给父母的一封家书》："从小我就不是一个能让你们省心的孩子，有的时候摔伤，小到破皮，大到住院，你们总是无微不至地在旁边照顾我。什么是爱呢？我不太懂，我只知道你们总是不厌其烦，在我犯错误的时候给我讲一些大道理，无数次宽容、原谅我；我只知道在每个星期五放学回家的晚上，桌上摆着热气腾腾，全是我爱吃的饭菜。妈妈在厨房里忙碌，爸爸在打下手，看见我回来满脸堆笑，催我赶紧洗手吃饭。我的生活就这样被爱和温暖包围着……"厨房忙碌的背影，是父母的爱；放学路上等待的身影，是父母的爱。他们不是天文学家，不会琴棋书画，却给了张超然同学满满的爱，让她在细节中感知爱，并健康、快乐地成长。[1]

通过媒体的专题报道，一封封字字催泪、感人肺腑的家书，让读者深刻感受到"父爱如山，母爱似水"的感人故事，也可以激发学生对父母的

[1]《湘潭县"一封家书　纸短情长"家书分享沙龙助推清廉家庭建设》，红网，2022-07-10。

感恩意识，引发学生反思对父母的情感，也激发公众对于家风家教、孝德教育的重视。要充分发挥大众媒体的正面宣传作用，通过文艺影视作品等多种形式宣扬孝亲爱老的先进典型，将孝德思想和行为通过影视作品渗透到大众心中，优化社会孝德环境，促使社会形成行孝可敬、不孝可耻的社会氛围，带动更多人形成正确的孝德观念和孝德行为。

二、丰富社区孝德宣传和实践活动

社区是社会的基本单元，全社会形成孝亲敬老的氛围不能脱离社区，要发挥社区力量加强孝德宣传活动。通过社区积极倡导敬亲孝亲、尊老敬老的社会风尚，广泛宣传孝德观念和孝德行为，传递社会正能量，是引导社会舆论的有效方法。高校可以联合社区开展活动，为大学生提供孝老敬老的实践机会。组织大学生开展尊亲爱老帮扶活动，为社区老年人讲时事新闻、展示文艺表演或者陪老人聊天等，在服务活动中体验孝德。特别是在重阳节、父亲节、母亲节等节日，组织学生开展“常回家看看”活动，引导子女对父母长辈行孝。也可以组织大学生亲身体验父母的工作，在汗水中体会父母生养子女的艰辛和劳苦，提高大学生感恩意识。利用寒暑假时间，社区可以组织大学生自愿组成孝德宣传队，以小型集体的形式宣传孝德事迹，引导社区民众践行孝德。利用节日组织孝德活动比赛，评选“孝亲子女”，强化大学生孝亲观念，自觉践行孝德。社区通过组织这些活动，使大学生积极践行孝德行为，引导社会形成敬亲孝亲的良好风气。社区还可以组织更多的家庭活动，注重引导社区居民加强家风建设。良好家风助力社会养老。孝是家庭和谐的基础，也是良好家风的核心内容。在中国人的情感结构中，只有家庭才能使老年人真正获得精神与情感上的慰藉。因此，应当结合家风建设，将家人对老年人的爱敬与孝养落到实处，形成全社会“人人亲其亲，长其长”的良好风气，使老年人真正有所依、有所乐。

社区组织形式多样的孝德实践活动。社区可以利用板报、橱窗等形式宣传孝德文化，开展以家庭为单位的孝德座谈会、孝德讲座等活动。通过开展“五好家庭”“孝心子女”“孝亲敬老模范”等评比活动，树立孝德榜样，抓好典型，广泛宣传和表彰家庭孝亲、社会敬老等方面的先进人物，引导和带动全社会形成关爱父母、尊敬长辈的良好风尚。开展“文明社区”评比，将孝德氛围作为社区评比的重要指标，在各个社区相互竞争中逐渐使人们强化孝德观念，自觉践行孝德。这样，整个社区可以形成孝亲敬老的孝德氛围，这种良好的风气可以扩展到整个城市、整个社会。当前，全国各地开展了一系列以孝德建设为突破口的道德实践活动。通过“孝德红黑榜”“好女婿评选”“孝心进校园”“孝亲文化墙”“制定当代二十四孝”“孝德入村规民约”“孝亲敬老私人定制”“孝心儿女群众海选”“教爸妈用微信”等形式，弘扬孝德文化，营造孝老敬老社会风尚。孝德文化的弘扬需要推陈出新，在继承传统中做好传承与扬弃，在与时俱进中做好发展与创新。通过“孝”入乡村、“孝”入学校、“孝”得民心等活动，在实践中使孝德融入生活。以孝传人、以孝育人、以孝感人、以孝化人、以孝聚人，在孝老爱老中实现家庭和睦，增进邻里和气，带动社区和美，促进社会和谐，引领时代文明。这些看得见、摸得着的孝德实践活动，对弘扬孝德文化是一种有益的探索。

三、完善维护孝德的法律保障制度

在我国，国家注重保障老年人的权利，也在不断完善相关法律制度。法律是公民权利的保障，在社会道德失去对公民的制约作用时，只有采用法律手段才可保障老年人应有的权利。推动全社会形成孝德意识和孝德行为，仅仅依靠道德的规范和舆论的监督力量是不够的，还需要完善维护孝德的法律制度，要以法律的强制力作为强有力的后盾。当道德的约束力失灵时，法律可以起到辅助的作用，这是解决当前不孝行为的必要手段。从世界范围看，我国是老年人健康权、生命权保障体系最完善的国家，还特别颁布了《中华人民共和国老年人权益保障法》专门单行法律。我国《中华人民共和国宪法》第 45 条明确规定我国公民在年老时享有获得国家和社会物质帮助的权利，第 49 条明确规定成年子女有赡养扶助父母，禁止虐待老人的义务。2012 年我国通过了修改的《中华人民共和国老年人权益保障法》，并于 2018 年进行再次修改。其中第 14 条规定：“赡养人应当履行对老年人经济上供养、生活上照料和精神上慰藉的义务，照顾老年人的特殊需要”，第 18 条规定“家庭成员应当关心老年人的精神需求，不得忽视、冷落老年人”。可见，子女对父母必须做到物质赡养、生活照料以及精神孝顺。“常回家看看”被列为法律条文，农历九月九被定为老年节，法律的实施使得社会更加关注老年人。这充分体现了国家对于推行孝德的重视，规范子女对于父母长辈的孝德行为，使行孝成为社会最基本的行为规范和道德底线。

党的十八大以来，我国针对老年人的福利持续完善，高龄老年人津贴、经济困难老年人服务补贴、失能老年人护理补贴制度实现了省级全覆盖。新冠疫情发生后，我国一直坚持人民至上、生命至上，特别重视爱护、尊敬老年人的生命权。在我国，养老权利已经从“应有权利”转变为“法定权利”。我国法律已将“精神慰藉”加入其中，提倡子女多关注父母的精神需求。现在，虽然相关法律法规已经日趋完善，但孝德缺失的现象仍时有发生。当前我国处于老龄化社会，部分公民孝德缺失引发了系列社会问题，全面“老有所依，老有所养”的局面尚未完全实现。当前不照顾父母、虐待老人的行为时有发生。一方面需要建立健全相关法律法规来保障老年人应有的权利，加强保障老年人权利的法律执行力度，另一方面还需要增强对公民进行遵守孝德的法治引导和法治教育，形成全民学法、守法、崇法的意识，营造崇尚孝德的社会氛围。除了完善法律法规，加强法治教育，更重要的还是让人们真正养成孝德意识，发自内心地善待父母，侍奉长辈，才能尽量避免“能养”却“色难”的状况，形成孝亲爱老的良好社会氛围。

第二节　提高实效：发挥高校孝德教育引导作用

习近平总书记在全国高校思想政治工作会议上强调：“高校思想政治工作关系高校培养什么样的人、如何培养人以及为谁培养人这个根本问题。要坚持把立德树人作为中心环节，把思想政治工作贯穿教育教学全过程，实现全程育人、全方位育人，努力开创我国高等教育事业发展新局面。”[1] 立德树人作为高校教育的根本目的，不仅是要传播知识和传授技能，还要不断提高大学生思想水平、政治觉悟、道德品质、文化素养，使大学生成为又红又专、德才兼备、全面发展的中国特色社会主义事业的合格建设者和可靠接班人。实现立德树人的根本目标，是党和国家对中国特色社会主义高校的本质要求。高校要努力发挥为社会输送优秀人才和培养社会栋梁的重要功能，积极承担对大学生思想政治教育的重要使命。高校不仅要提高大学生知识能力和学术水平，更重要的是要培养大学生良好的道德品行，形成健全人格，培养道德规范。要树立科学的教育理念、创新校园文化的活动载体、整合家庭和社会教育资源，增强高校孝德教育效果。

一、树立以德为先孝德为本的教育理念

马克思主义认为，经济基础决定上层建筑，社会存在决定社会意识。孝德作为社会意识形态的一部分，与经济基础、社会存在的性质密不可分。高校德育承担着立德树人的重要使命，要树立正确的教育理念。教育者只有树立以德为先、孝德为本的科学教育理念，制定符合受教育者心理活动特征和成长发展规律的教育目标，将抽象的教育内容具体化，才能达到教育效果。高校应该注重以人为本的原则，采取适合大学生孝德教育的方式和目标，满足大学生对于孝德知识的渴求，大力发掘并培养大学生行孝的主体性和主动性。要开展大学生孝德教育，充分发挥课堂教学的主阵地作用，制定科学的教育方式方法，组织高效的教育教学活动。

（一）利用课堂教学融入孝德教育内容

高校培养人才，最重要的是实现立德树人的目标。高校不仅要注重学生专业知识和专业技能的培养，也要注重学生道德品质的培养。高校思想政治理论课是落实立德树人根本任务的关键课程和价值引领的主渠道和主阵地，对大学生的道德观念、理想信念以及价值观念等产生直接的影响。习近平总书记在全国高校思想政治工作会议上的讲话强调：“要用好课堂教学这个主渠道，思想政治理论课要坚持在改进中加强，提升思想政治教

[1]《习近平谈治国理政》（第 2 卷），外文出版社 2017 年版，第 376 页。

育亲和力和针对性，满足学生成长发展需求和期待，其他各门课都要守好一段渠、种好责任田，使各类课程与思想政治理论课同向同行，形成协同效应。”[1] 高校要发挥好思政课的课堂教学作用，将孝德教育内容循序渐进地融入学生教材、进入学生课堂、深入学生头脑，使孝德教育更有效果。大学生孝德教育还要充分发挥思政课程与课程思政的同向同行作用。高校孝德教育过程中，要重视各种专业课程与思政课程内容之间的关联性，挖掘专业课程中蕴含的孝德教育元素，将教学形式进一步灵活创新发展，实现课程创新内容和形式的统一。习近平总书记在主持召开全国学校思想政治理论课教师座谈会时指出：“推动思想政治工作贯通人才培养体系，发挥融入式、嵌入式、渗入式的立德树人协同效应。”[2] 同时，还需要注重丰富课堂教学方法，做到科学有效地灌输孝德理论。高校在开展孝德教育过程中离不开理论灌输。理论灌输就是通过摆事实、讲道理，引导受教育者分清是非、明辨事理，以提高思想觉悟和认识能力的过程。[3] 但是，要注意避免照本宣科、生硬灌输的教育方式，谨防大学生形成被动行孝的倾向。孝德课堂教学过程中要注重营造具有教育意义的氛围，增强学生的孝德情感体验。心理学研究表明，在道德的认知、情感、行为中，道德情感居于核心地位。在孝德课堂教学中，建立孝德教育情境，引导学生产生孝德情感体验，激发其孝德意识思考，进而指导其孝德行为。

习近平总书记在全国高校思想政治工作会议上指出：“做好高校思想政治工作，要因事而化、因时而进、因势而新。要遵循思想政治工作规律，遵循教书育人规律，遵循学生成长规律，不断提高工作能力和水平。”[4] 大学生成长发展的环境不同、经历不同、接受的教育程度不同、需要解决的思想问题和实际问题不同，要培养社会发展所需要的德才兼备的人才，促进人的全面发展和健康成长，就要坚持因材施教。在开展大学生孝德教育教学过程中，培养学生正确的孝德认知，形成积极的孝德行

[1]《习近平谈治国理政》(第2卷)，外文出版社2017年版，第376页。

[2] 习近平：《思政课是落实立德树人根本任务的关键课程》，人民出版社2020年版，第28页。

[3] 北京大学马克思主义学院组编：《当代大学生思想道德教育的理论与方法》，北京大学出版社2007年版，第231页。

[4]《习近平谈治国理政》(第2卷)，外文出版社2017年版，第378页。

为，需要注意以下问题。一是要选取形象而深刻的孝德教育内容。高校要深刻把握思想政治教育与孝德的本质与特征，充分挖掘孝德资源与思政课知识点的契合内容，增强孝德融入理论深度，使孝德资源成为德育的重要内容。学校孝德教育要融入敬亲孝亲等内容，分享优秀传统孝德故事，提高学生学习孝德知识的主动性和积极性，增强学生对传统孝德的认识，提高学生的孝德意识，引导学生在孝德学习中树立正确的孝德观念。二是要结合当代大学生的思想特点和现实状况，合理选取学生感兴趣的孝德榜样人物，剖析孝德榜样身上所呈现出的孝德道德品质。要重视孝德孝行榜样内在品质的宣传。选取学生关注的社会孝德典型，用可亲可敬可信的孝德人物故事，激发学生学习孝德的兴趣以及行孝的需要。利用这种方式引导学生学习孝德榜样身上所凝聚的品德，学生更容易产生情感的共鸣，真正地从内心深处认同孝德观念和行为。三是采用灵活多变的孝德教育方式方法，将理论教学与实践教学相结合，将孝德思想融入实践教学中。习近平总书记要求高校必须高度重视思政课的实践性，实现理论和实践、课堂与社会相结合，推动青年学生把人生抱负落实到实际行动中。可以通过组织学生探访孝亲敬亲模范人物，参观教育实践基地，开展志愿服务活动等方式，提高学生孝德认知和孝德情感体验，增强学生行孝的主动性和自觉性。

红色家风是中国共产党人的传家宝，是大学生孝德教育的重要素材和宝贵资源。红色家风中所蕴含的思维理念、人文关怀、道德修养、价值品性等，为高校思政课教学提供了丰富的素材，具有不可替代的时代价值。高校思政课教学要注重充分挖掘红色家风的育人资源，将红色家风精神融入孝德教育之中。红色家风中蕴含的家国情怀、仁爱为本的立人之道、淡泊名利的处世之道、严慈相济的治家原则，是新时代厚植大学生的爱国主义情怀、提高中国家庭文明程度的重要资源。高校要积极探索将红色家风精神融入思政课教学的路径方法，通过红色家风精神教育，使大学生正确认识到红色家风精神的重要性，积极改正价值观念中错误的思想意识，使红色家风精神成为支撑大学生行为处事的价值准则。首先，在思政课堂中给学生讲好红色家风故事，使红色家风故事中的榜样精神内化于心、外化于行，达到榜样引领、入脑入心的效果。其次，善于汲取红色家风中爱国爱家、奉献社会、忠诚报国的理念，强化学生崇德向善的道德实践。最后，积极整合多方资源，构建协同育人机制。要认真做好学生孝德教育工作，引导大学生主动继承和弘扬红色家风精神，从红色家风中感悟孝德精神内涵，增强大学生孝德教育的实效性。

（二）开设中华优秀传统孝德教育课程

中共中央办公厅、国务院办公厅《关于实施中华优秀传统文化传承发展工程的意见》要求，弘扬中华优秀传统文化，实施中华文化传承工程，推动高校开设中华优秀传统文化必修课，在哲学社会科学及相关学科专业和课程中增加中华优秀传统文化的内容，推动中华优秀传统文化融入教育教学之中。习近平总书记指出："我们办中国特色社会主义教育，就是要理直气壮开好思政课""要挖掘其他课程和教学方式中蕴含的思想政治教育资源，实现全员全程全方位育人。"[1] 当前高校思政课所涉及的孝德内容比较有限，单纯依靠思政课开展孝德教育还不够，应从课程设置上面增设孝德教育课程，扩大孝德课程的"无形网面"，深化学生的孝德理论素养。高校应将孝德教育放入教育计划中，开设孝德必修课或者选修课，特别是要开设优秀传统孝德课程。孝亲敬老是孝德教育的起点，优秀传统孝德文化应当成为高校开展德育的重要内容。大学生通过修读优秀孝德教育课程，可以更好地学习与了解孝德思想和孝德知识，将孝德内涵无声地渗透到大学的课堂里，对孝德教育开展具有重要作用。教师是教学的主体，应注重教师孝德文化自觉意识的培育，提高教师孝德文化素养，准确掌握传统孝德思想，确保所讲授的传统孝德内容科学、准确、适应时代。通过开设孝德教育课程，引导学生主动学习孝德文化，消除学生与孝德文化之间的"疏离感"，使学生领悟孝德的道德精华与核心要义，逐步提高自身孝德修养。通过孝德教育课程，可以教育引导大学生树立正确的孝德观念，培养大学生孝德情感，强化大学生孝德行为。

在大学生孝德教育课堂上，应该向学生讲清楚、讲明白孝德是中华优秀传统文化的核心，讲好传统孝德的历史和经典的孝德故事。通过讲好古代忠孝礼义的小故事，让学生对于传统孝德有更深刻的认识。诸如上古帝

[1] 习近平：《思政课是落实立德树人根本任务的关键课程》，人民出版社 2020 年版，第 23 页。

王虞舜毕生推崇“父义、母慈、兄友、弟恭、子孝”，是中华民族传统伦理道德观念的鼻祖。舜帝最重视德行操守，历来被推崇为道德最完美的帝王而被百姓敬仰，正所谓“明德上善家国兴，穿越春秋终不朽”，堪称家国理念的鼻祖。中国社会从古时“以孝治国”到如今社会主义核心价值观突出体现的“家国情怀”，是由孝及忠、为国尽忠、由孝而明德的深厚感情。正所谓“百善孝为先”，古代官员不孝会被撤。《旧唐书·李皋传》记载，唐朝宗室名臣李皋，侍奉太妃郑氏恭敬体贴，凭着孝顺而闻名。李皋到属县巡视时，看见一位头发花白的老妇在路旁哭泣，李皋十分同情地温言询问，老妇哭诉道：“本人是李氏妇人，有两个儿子，一名李钧，一名李锷。在外做官二十年不曾回家一次，老妇穷得活不下去了！”当时钧任职殿中侍御史，锷任职京兆府法曹，都是以文章考取高科，很有名望。李皋慨叹道：在家里面孝顺父母，出门对待友人像对待兄长一样尊重、友爱，这样去做了以后，若还有余力，就再去学习一些知识，像他们两个这样为人岂能置身于列卿之间？因此上奏章弹劾，两人一并被除名永不录用。还有中国的传统古诗词，诸如曹植的“捐躯赴国难，视死忽如归”，陆游的“王师北定中原日，家祭无忘告乃翁”，范仲淹的“先天下之忧而忧，后天下之乐而乐”，这些都表达了中国人对于家与国的深厚情感。大学生通过这些传统孝德文化，可以充分了解到孝德的重要意义。

中华文明蕴含着丰富的传统孝德文化资源，有着丰富的孝德文化典籍，如《中庸》《大学》《礼记》《论语》《诗经》《史记》《左传》《孝经》《三字经》《弟子规》等。从历史上看，在先秦儒家典籍中，例如《左传·昭公二十六年》：“君令臣共，父慈子孝，兄爱弟敬，夫和妻柔，姑慈妇听”；《礼记·礼运》：“何谓人义？父慈，子孝，兄良，弟悌，夫义，妇听，长惠，幼顺，君仁，臣忠，十者谓之人义”；《论语·八佾》：“定公问：君使臣，臣事君，如之何？孔子对曰：君使臣以礼，臣事君以忠。”这些都蕴含着传统孝德文化思想，是大学生孝德学习的重要内容和素材。高校应重视这些中华传统孝德文化典籍及育人资源的传播，注重从中选取合理的孝德孝行榜样素材。在课堂上讲授一些典型的传统孝德故事、颂扬孝德的古诗词等，让学生在学习这些孝德故事、古诗词的过程中，深化对中华优秀传统孝德的认知和理解。在传统孝德教育课程上，通过挖掘古代孝德故事以及孝德诗词等优秀传统孝德文化育人资源，使大学生明白尽孝要与时俱进，行孝要及时，让父母老有所依、老有所乐，深化大学生对优秀传统孝德的认知认同，增强大学生的孝德情感。

《二十四孝》记载：周仲由，字子路。家贫，常食藜藿之食，为亲负米百里之外。亲殁，南游于楚，从车百乘，积粟万钟，累茵而坐，列鼎而食，乃叹曰："虽欲食藜藿，为亲负米，不可得也。"负米供旨甘，宁辞百里遥。身荣亲已殁，犹念旧劬劳。"百里负米"故事讲述的是孔子的著名弟子子路的孝行，这是孝养亲人的一个典型。仲由，字子路、季路，孔子的得意弟子，性格直率勇敢，十分重"孝道"。早年家中贫穷，自己常常采野菜做饭食，却跋山涉水到百里之外去为父母背米。双亲去世之后，子路到了楚国，凭借自己的努力，一跃为贵族，可以享受"从车百乘，积粟万钟，累茵而坐，列鼎而食"的生活。可他常常怀念双亲，可"子欲养而亲不待"呀！孔子安慰他："由也事亲，可谓生事尽力，死事尽思者也。"这个故事说明了尽孝要及时，在父母还在的时候要尽心尽力。不然即使自己荣华富贵了，亲人已经去世，念念不忘旧时亲人养育的种种"劬劳"，要孝敬父母却已不可能了。我们经常看到，很多人往往在失去了父母以后，心想再尽孝，但是已经不可再得；特别是自己生活条件好了、地位高了后，想再报答父母之恩情，却已经成为一生的遗憾了。

《三国志·陆绩传》中记载："绩年六岁，于九江见袁术。术出橘，绩怀三枚；去，拜辞，堕地。术谓曰：'陆郎作宾客而怀橘乎？'绩跪答曰：'欲怀而遗母。'术大奇之。"这就是"陆绩怀橘"故事的由来。故事主要讲述三国时期有个叫陆绩的人，特别孝顺父母。6 岁那年，他到袁术家里做客，袁术命人取出蜜橘招待他。但他没吃，而是悄悄藏在怀里。后来他向袁术行礼告辞，叩头的时候，怀里滚出三个蜜橘来。袁术大笑道："你吃了不够，还要拿呀？"他回答说："我没见过这么好的蜜橘，舍不得吃，想拿给母亲尝尝。"袁术听了大为惊讶，心想一个 6 岁孩儿便懂得克制自己，孝敬长辈，实在难能可贵。他感叹道："小陆郎有这样的品德，来日必成为报效国家的栋梁！"

《三字经》记载："香九龄，能温席。孝于亲，所当执。"这就是《黄香温席》的故事由来。故事主要讲述的是古代有个叫黄香的人，以孝出名。他 9 岁时母亲去世，从此他更细心地照顾父亲，一人包揽了所有的家务事。到了冬天，他害怕父亲着凉，就先钻到冰冷的被窝里，用身体温热被子后，再扶父亲上床睡下。到了夏天，为了使父亲晚上能很快入睡，他每晚都先把凉席扇凉，再请父亲去睡。黄香小小年纪，就有这样的孝心，也使他做人、求学上有所成就，后来他当上了以孝闻名的好官，人称“天下无双，江夏黄香”，被列为“二十四孝”之一。

《列女传》中记载：“老莱子孝养二亲，行年七十，婴儿自娱，着五色彩衣，尝取浆上堂，跌仆，因卧地为小儿蹄，或美鸟鸟于亲侧。”这就是“彩衣娱亲”的故事由来。故事主要就是讲的是周朝春秋时的楚国人老莱子，他自幼便十分孝顺，在他七十岁时，两老还健在。但两老看见儿子日渐老去，便有自己已经去日无多的感慨。老莱子见状，便想了一个办法，把自己打扮成孩童模样，蹦蹦跳跳地到了父母面前，一边嘻嘻哈哈大笑，一边做出孩童嬉戏的动作。两老看到儿子滑稽的动作，乐得呵呵大笑，把烦恼忧闷都忘了！从此，老莱子在父母前绝不提老字，而且还常常扮成孩童模样，使两老得到快乐的晚年。

《全唐诗》中孟郊的《游子吟》：慈母手中线，游子身上衣。临行密密缝，意恐迟迟归。谁言寸草心，报得三春晖。这首诗是唐朝孟郊在仕途失意、饱尝世态炎凉的情况下创作的。主要讲述的是慈祥母亲手里把着针线，为将远游的孩子赶制新衣。孩子临行之前，她忙着把孩子穿的衣服缝得严严实实，是在担心孩子此去可能很长一段日子都不能回家。谁能说像小草的那样一点孝心，不可以报答春晖般的慈母的恩惠？这首诗凸显并歌颂了母爱的伟大与无私，表达了诗人对母爱的感激以及对母亲深深的爱与尊敬之情，千百年来广为传诵。

二、丰富孝德教育的校园文化活动载体

习近平总书记在北京大学师生座谈会上指出：“要把立德树人内化到大学建设和管理各领域、各方面、各环节，做到以树人为核心，以立德为根本。”[1] 高校是大学生道德品质养成的重要场所，是提高大学生知识水平和思想道德素质的主阵地。校园文化是一种特殊的社会文化，代表着学校的整体精神风貌，又与社会、时代密切相关，是在长期的育人实践中逐渐

[1] 习近平：《在北京大学师生座谈会上的讲话》，人民出版社 2018 年版，第 7 页。

形成的。校园文化氛围和精神风貌影响着大学生的价值观念和道德规范，对大学生的思想道德素质具有熏陶、感染、激励、示范等影响。开展大学生孝德教育，既要有惊涛拍岸的声势，也要有润物无声的效果。校园文化对学生的成长有着无形的滋润作用，是学生品德教育的外延。要实现孝德教育与高校德育的融合，需要丰富孝德教育的校园文化活动载体，积极开展校园孝德教育活动，营造孝亲敬老、崇孝倡礼的校园文化氛围，使大学生在孝德活动中接受洗礼。

（一）营造崇孝倡礼的校园文化氛围

校园文化活动是校园环境的重要部分，具有教育和导向功能。每个学校的校园文化都是社会主义核心价值观的生动实践，体现着学校师生的价值追求，代表着学校的核心精神。高校应该发挥校园文化活动的作用，营造良好的崇孝倡礼的校园氛围，要调动学生参加校园文化活动的积极性，使学生在活动中寓教于乐，实现潜移默化的影响作用。通过校园文化侧重从内到外启发大学生的思想，引导学生养成孝德品质和孝德行为。首先，高校要发挥校园文化景观育人功能。校园文化景观不仅是校园物质文化建设中具有人文精神和感染力的物质载体，也是校园物质文化建设的亮点展示。校园文化景观包括校园建筑、基础设施、象征标志物等多方面。学校可以充分利用校园文化景观的育人功能，设计孝德校园雕塑，形成孝德主题鲜明的立体景观，打造展示孝德语录与孝行故事的传统孝德文化长廊，提高学生对孝德文化的认知认同。高校还要注重孝德元素的合理运用，将时代精神、校训文化以及地方特色融入其中，努力营造浓厚的校园孝德育人氛围。

其次，高校要注重创新校园文化活动形式。创新孝德教育形式与内容，向学生传递新型孝德观念，完善学生孝德实践。高校要合理利用传统文化节日的契机，以中国传统文化节日为载体，开展孝亲文化教育，借助传统文化节日气氛，开展形式多样的活动。一是通过组织开展孝德主题班会的形式，倡导学生分享感恩故事，回忆与父母、长辈之间相处的感动时刻，给感谢的人写寄语，提高学生的感恩意识，使学生在活动中增强关心父母、尊敬长辈的意识。二是以父亲节、母亲节、重阳节等重要节日为契机，鼓励学生从小事做起，从身边的点滴做起，为父母、为长辈做力所能及的小事。开展“写一封家书给父母”的活动，倡导学生给父母写一封书信，说出自己对父母最想说的话。家书，是家庭的情感纽带，是家教的重要载体，是家风的一面明镜。某高校在新生入学后，为了使新生对未来的学习生活有更为明确的计划，引导同学们更好地向父母表达感恩之情，开展了“给父母的一封信”和“大学生活规划”活动，不少学生利用书墨表达了对父母的敬爱和感激之情。有同学这样说：“曾经读到这样一句话‘青春的含义就在于不管我们选择了什么、成功与否，都不后悔。’我希望通过四年的大学生活，深切地体会到青春和成长所带来的喜悦和甘甜。不仅要努力学习专业知识，同时还应该培养自己的竞争意识、创新意识和团队合作意识。在经历四年的历练之后，我希望自己能够更加勇敢、坚强，并且积极向上。我觉得，这正是我对大学生活的期望。”有一位同学写道：“社会是不断发展变化的，而且是不断向前发展的，我们不可能一成不变地按照规划实施，所以，这个规划也只是一个大纲，而具体的，也会随着社会以及自我的发展做出适时的调整，以便适应社会的需求与发展。”还有同学对父母说：“这一路，你们把我保护得很好，一直陪在我左右，走过这一路。一开始以为离别的脚步很远，就像当初许下留在重庆的心愿，可到开始收拾行李、离开家门的那一刻才发现，离别的不舍，从来不是距离远近的伤感，而是不得不放弃一些习惯的不适。谢谢你们在过去为我做的一切，包容我的脾气，陪伴我的成长。未来的路，充满着太多的未知与不安，我会尽自己的所能去面对时间的推进。学会长大，也慢慢长大。一路，还有太多的心愿没有完成，有太多想法藏在心里，等实现了再悄悄告诉世界吧！全世界都在期盼我长大成人，只有你们希望我做回孩子。”还有的同学说：“其实关于我的未来规划和目标，你们应该是除我自己以外最清楚的人。有些目标对现在的我来说的确不现实，但我现在正在尽力调整状态和节奏去适应这里的生活，所以你们不用太担心我。在大学有很多新奇的事物，有的能带人不断进步实现人生理想，但有的也能把人拉入深渊，我也尝试着独立地分辨这些善恶。我以前总是想着快点进入大学，虽然也想过有很多危险和麻烦事，可是来这里之后才真正感受到，想要独立生存并且闯出自己的一片天地真的不容易。”[1]通过一封封字字催泪、感人肺腑的家书，引导学生回忆与父母之间的感人时刻，感恩父母一如既往的无私奉献。三是推介关于父爱母爱的书籍，引导学生阅读孝德书目，增强孝德的理论素养。高尔基的《母爱》、梁启超的《梁启超家书》、朱自清的《背影》、傅雷的《傅雷家书》、杨绛的《我们仨》等书籍，都是孝德情感的经典著作，值得深入学习。还可以开展孝德经典读书心得交流活动，引导大学生分享阅读的收获与感受。通过组织开展特色鲜明、形式多样的孝德主题活动，使学生在活动体验中不断增强孝德情感。

最后，高校应积极开展孝德特色文化活动，注重创新校园文艺活动。结合学生的心理需要与实际情况，在大学生都热衷的文艺活动中融入孝德内容，将孝德教育与文艺活动相结合，教育引导大学生主动学习孝德。一是组织开展讲孝德故事、孝德诗朗诵等比赛，讲《黄香温席》《孝感动天》《彩衣娱亲》等孝德故事，以及朗诵古诗《游子吟》、现代诗《孝心无价》、散文《背影》等。通过这些寓教于乐的活动，增强孝德活动的思想性、情感性，容易激起学生的兴趣，引起学生的共鸣。二是组织开展孝德文艺活动，学生可以以孝德为题材自编自导自演小品、戏剧、音乐剧或者歌唱孝德经典歌曲。通过文艺活动对大学生动之以情，达到孝亲教育效果。学校也可以定期开展以“感恩父母”为主题的作品大赛，包括写作、摄影和绘画等形式。通过这些活动，吸引学生积极参与，交流互动，在有趣的校园文化生活中促进孝德文化的传播。三是开展观看孝德主题电影活动，组织学生集体观看父爱母爱感人电影。学校可以组织学生观看《妈妈，再爱我一次》《当幸福来敲门》《银河补习班》《海洋天堂》《你好，李焕英》等电影。2021年，电影《你好，李焕英》上映引起巨大关注，票房突破五十亿，进入影史前三名，其亲情主线无疑是电影取得极大成功的坚实基础。这部电影讲述了刚考上大学的女孩贾晓玲，经历了人生大起大落后情绪失控，意外穿越回到20世纪80年代，与20年前正值青春的母亲李焕英相遇发生的一系列故事。这个电影体现了现代孝德中子女对父母的尊重，电影用温情而真挚的艺术手法呈现了细腻、无私的母爱，影片中出现了不少催人

[1]《学院成功举办2020级“给父母的一封信”和“大学生活规划”活动》，重庆大学公共管理学院官网，2020-11-26。

泪下的话语，感动了无数观众的心。正是因为母女间这份简单、纯粹、诚挚的情感触碰了观众的内心，打动了千万观众。电影中的“李焕英”也是现实生活里无数母亲的缩影，她们平凡而伟大，给予我们温暖和力量。通过观看电影这种形象直观的体验方式，最能引起学生的情感共鸣，深化学生的孝德情感，使学生深刻体会父母的养育之恩。通过将校园文化活动教育与家庭生活紧密结合，激起大学生内心的共鸣，提升大学生的孝亲意识和孝德能力。

（二）主动占领校园网络宣传新阵地

习近平总书记在全国高校思想政治工作会议上指出：“要运用新媒体新技术使工作活起来，推动思想政治工作传统优势与信息技术高度融合，增强时代感和吸引力。”[1] 随着移动终端普及化与社会交往数字化，网络日益渗透于大学生的现实生活之中，网络与大学生的生活世界深度融合，成为当代大学生生存与发展的重要空间。随着互联网技术的普及，已经极大地改变了大学生的学习和生活。当前我国道德教育多以课堂教学的形式呈现，传统教学内容拘泥于课本教学，已经无法适应网络信息化时代的发展需要。高校的教育技术也离不开互联网的使用，教学方式发生了巨大改变。目前，高校大学生以“90 后”为主体，个性张扬，乐于表现，并深受网络文化和新型媒体的影响，对其开展教育的困难度进一步加大。[2] 高校教育要充分发挥网络宣传新阵地对孝德教育的影响力。中国互联网络信息中心（CNNIC）在京发布的第 51 次《中国互联网络发展状况统计报告》显示，截至 2022 年 12 月，我国网民规模达 10.67 亿，互联网普及率达 75.6%。网络走进千家万户，融入社会生活的方方面面，调查显示九成以上的大学生把互联网作为重要信息渠道。当代大学生被称为互联网的“原住民”，主要行为场域和生活空间已经被“一网打尽”。相关机构对多所高校的 3000 多名大学生进行了网络成瘾性长期跟踪调查。结果显示，有 20.6% 的大学生存在网络成瘾风险，受访大学生群体平均每天使用手机 7

[1]《习近平谈治国理政》（第 2 卷），外文出版社 2017 年版，第 378 页。

[2] 张云霞、江慧：《以微课为契机的高校教学模式变革探讨》，《学校党建与思想教育》2017 年第 6 期。

至9小时，平均每人每天使用手机118次。当代大学生处于互联网时代，是网络信息时代的重要群体，网络使用率和网络依赖性逐渐增强，网络为大学生提供了求知和学习的广阔平台，为大学生获取各种信息提供了新的渠道，开拓了大学生的思路和视野，构筑起全新的学习和生活方式。网络成为大学生学习生活的常态领域，给其思想行为带来了全方位、深层次的影响。

随着科学技术的发展，网络已经深刻影响着社会生活的方方面面，尤其是对于教育的影响无处不在。当代大学生对于网络的接受度非常高，学习、生活等各方面都离不开网络。网络已经成为高校德育工作开展的主要阵地，高校孝德教育已经不能离开网络环境。高校要积极运用校园网络平台，扩大孝德内容宣传的覆盖面和影响力，切实利用网络媒体发挥教育功能，引导形成网络正面舆论，形成良好的孝德教育网络环境。首先，通过校园网络媒体、易班平台等载体，即时发布校园孝德文化活动，倡导学生参与校园孝德文化活动，提高校园孝德活动的影响力。高校可以利用网络制作相关孝德视频，利用小视频讲解、音频诵读等生动的方式，将孝德内容展示出来，增强学生学习孝德文化效果。通过开展形式多样的孝德教育活动，丰富网络孝德教育内容，宣传孝德思想，传递孝老敬亲的道德观念。学校可以通过“快手”“抖音”等平台直播学校举办的孝德文化活动，营造高校浓厚的孝德文化氛围。还可以通过网络平台，结合中秋节等节日契机，开展弘扬中华优秀传统美德活动。例如，组织开展“我们的节日·云上中秋——一封家书”线上活动，通过活动把心里想对家人说的话、想表达的祝福、对故乡的思念、想诉说的心情，手写成信，以书寄情，也可以通过书法作品的形式，抒发感恩父母、热爱祖国的情怀。这种方式可以调动人们参与积极性。其次，利用网络挖掘和评选大学生身边孝老敬亲的先进典型、青年榜样，引导大学生向身边的榜样学习。利用校园网络平台广泛宣传报道大学生身边的先进典型和孝德模范的先进事迹，如带着91岁奶奶上大学的广东茂名姑娘黎海坚、海南工商职业学院学生陈重私带着病母上大学等大学生典型榜样，引导大学生向先进榜样学习，产生可敬、可亲、可爱的示范效应，形成孝老敬亲的浓厚校园氛围。

（三）开展形式多样的孝德实践活动

马克思指出："全部社会生活在本质上是实践的。"[1] 道德的本质是一种实践精神，道德准则、行为规范直接来源于实践、应用于实践，通过道德实践促成道德养成和人格塑造。认识是主观的，因人而异，一千个人眼中有一千个哈姆雷特。只有通过实践，才能不断深化大学生的孝德认知，升华为孝德行为。道德教育的最终目的是使个体能够将道德意识转化为道德实践。实践活动是促进大学生的孝德观念外化为孝德社会行为的重要环节。孝德教育是理论与实践相结合的教育，只有通过实践教学活动，才能让大学生深刻理解孝德的真正意义，提高大学生孝德教育的针对性和实效性。毫无疑问，理论灌输要取得良好的效果，还必须与实践锻炼相结合。所谓实践锻炼就是通过有目的、有计划、有组织的实践活动，使受教育者自觉养成良好的思想品格和行为习惯的过程。[2] 在孝德教育的过程中，只有通过实践活动的强化，才能使大学生形成稳定的孝德价值观念。当前一些大学生还存在着孝德知行不一致、知行脱节的现象。一些大学生思想上想着要对父母尽孝、对社会尽心、对国家尽忠，但是实际行动上却远远没有做到，成为思想上的"巨人"，行动上的"矮人"。通过实践活动的开展，可以让大学生将认知落实到现实行动中，激发大学生的感恩意识、奉献意识、服务意识。这种喜闻乐见、易于接受的教育形式，是培养大学生孝德知行统一的有效途径。

高校要重视孝德教育的实践活动，推动学生孝德的知行合一。纸上得来终觉浅，绝知此事要躬行。所有知识要转化为能力，都必须躬身实践。习近平总书记指出："要坚持知行合一，注重在实践中学真知、悟真谛，加强磨练、增长本领。"[3] 高校要充分认识到孝德教育实践活动的重要性，使其形成常态化机制。通过实践活动，能够改造人们的主观世界，提高人

---

[1]《马克思恩格斯文集》（第 1 卷），人民出版社 2009 年版，第 501 页。

[2] 北京大学马克思主义学院组编：《当代大学生思想道德教育的理论与方法》，北京大学出版社 2007 年版，第 231 页。

[3] 中共中央文献研究室：《习近平关于青少年和共青团工作论述摘编》，中央文献出版社 2017 年版，第 53 页。

们的认识水平，使存在于人们观念的东西转变为现实的东西。要创新校园文化实践活动载体，借助中秋节、父亲节、母亲节、重阳节等节日的契机，组织具有仪式感、象征感的校园实践活动，表达对父母的感恩之情，引导学生积极践行孝德。还要积极开展志愿服务活动，志愿服务所提倡的回报社会、无私奉献等精神与孝德所提倡的关爱社会、敬老爱老的精神是契合的。利用节假日、纪念日及课余时间，组织学生到学校周边社区进行志愿活动，引导学生在主动服务他人、奉献社会中收获成长和进步，提升学生对孝德的实践能力。大学生孝德教育不应局限于学校，还必须到广阔的社会实践中。高校要组织学生更多地深入社会，在实践中了解社会、服务社会，明白自身应当担负的社会责任。高校党团组织可以组织学生开展社会实践，采访孝德模范，展开社会调研；参观孝德教育实践基地，为社区提供孝老敬老服务等。大学生可通过深入社会实践的形式，了解社会，服务社会，提高服务奉献意识。高校应为学生提供更多的孝德实践机会，组织开展多样化的孝德体验活动，在活动中促进学生孝德情感升华，提高学生践行孝德能力。高校通过组织开展社会道德实践、志愿服务活动、学习体验活动等各种社会实践，可以有效提高大学生弘扬传承传统孝德的主动性，增强孝德行为的实践性。

三、要注重整合家庭和社会的教育资源

中共中央、国务院印发的《关于加强和改进新形势下高校思想政治工作的意见》明确提出，高校要坚持全员全程全方位育人。德是做人之本，德育是教育之魂，育德是育人的第一要务，这就要求各高校必须抓住立德树人这一关键点，与国家、社会协同联动，共同构建高校德育价值观。对高校而言，要落实好立德树人根本任务，将全员、全程、全方位“三全育人”理念落到实处。高校不仅要做好教书育人、管理育人、服务育人，还要注重整合家庭和社会的教育资源，形成育人合力。德育是一项系统的工程，不是哪条战线、哪个部门的独角戏，而是一台大合唱，是全社会共同的事业，需要动员和组织各方面的力量。[1] 作为高校德育工作的实施者，

[1] 冯刚：《德育新视野》，当代中国出版社2011年版，第111页。

一定要做好充分的工作，了解清楚学生的家庭背景、成长环境，才能开展有针对性的教育，发挥家庭教育与学校教育的互补作用。为更好地发挥家庭教育在大学生孝德培养方面的功能，学校应加强与家长的联系沟通，促进家长了解大学生孝德行为等方面的品德状况。学校要重视发挥家长在孝德方面的行为示范作用，引导家长以身作则做出表率，孝顺家里父母长辈，营造大学生孝德养成的良好家庭氛围。学校还要开展家庭孝德教育研究，加强家长对大学生孝德教育的引导，积极配合学校做好大学生的孝德教育。大学生道德品质的形成，也与社会影响有关。学校还要注重利用社会教育资源，使其发挥培养大学生孝德的功能。社会方面提供更多培养大学生孝德的实践平台，鼓励和支持大学生投身于社会实践中锻炼觉悟、接受教育，从而获得提升。社会要大力挖掘并弘扬孝亲敬老的道德模范，营造社会孝亲敬老的孝德氛围。学校要充分整合家庭教育与社会教育的资源，挖掘各种利于开展大学生孝德教育的显性、隐性因素，促进孝德教育渠道的多样化。要完善学校、家庭、社会三结合的教育网络，引导广大家庭和社会各方面主动配合学校教育，以良好的家庭氛围和社会风气巩固学校教育成果，形成家庭、社会与学校携手育人的强大合力。

第三节　注重熏陶：营造良好的家庭孝德环境

马克思、恩格斯在《家庭、私有制和国家的起源》《资本论》等著作中对家庭建设、家庭功能、家风塑造等作出了阐述，形成了马克思主义家庭观，认为：家庭的良好发展取决于作为家长的父母发挥好榜样力量。在无产阶级家庭中，父母言传身教承担了对后代培养、教育、引导的责任，应促进子女在学识、品德等方面的全面发展。一个人的德性品行、性格特点，都源于原生家庭，源于从小接受的家庭教育。家庭是人生的第一所学校，是个人成长的摇篮，也是思想道德教育的第一课堂。家庭教育的好坏，影响人的一生发展。孟子曰："天下之本在国，国之本在家。"个人德性的成长、家族的兴盛、国家的安定繁荣，无不与家庭治理密切相关。因此，中华民族历来重视家庭、重视家教、重视家风，视家庭为人伦教化的核心场域、文化传承的重要空间。高校学生的教育不仅局限于学校，也受到家庭环境的影响，而且这种影响是深远持久的。家庭教育对人的成长是最基础的，是学校教育的补充。家庭的教育引导对大学生孝德发展起着基础性作用，不能忽视家庭教育的影响。不论时代发生多大变化，不论生活格局发生多大变化，高校开展学生孝德教育，除了依靠高校力量外，也要重视家庭环境建设。家庭教育应营造良好的成长环境，注重家庭、注重家教、注重家风，积极培育向善向上的家庭氛围。

一、树立正确的家庭孝德教育观念

实践证明，优良的家庭教育环境对子女良好道德品质的形成和发展有着基础性、长期性和决定性的影响。父母要塑造一个能让子女健康成长的良好家庭教育环境，需要树立互爱、平等、尊重、感恩、奉献、有责任心的家庭教育理念，选择“不溺爱、不苛刻”的家庭教育方式，以身作则，从我做起，给子女树立一个良好的道德模范，以身传教。良好的家庭教育观念有益于学生形成完善的世界观、人生观和价值观。由于经济发展、社会竞争、家庭结构变化等原因，新时代大学生在孝老敬亲方面存在一些问题。这也与家庭教育观念紧密相关，当前我国不少家庭对学生品德方面的培养是不够的，家长对学生智育的关注大于德育。随着社会发展和时代变化，当今时代衡量人才的标准发生改变，对于人才的要求也更为全面。家庭教育的实践需要正确、科学的理念指引。首先，父母需要更新教育观念，要形成“崇尚人格”“以德为先”“因材施教”等教育观念。应当注重大学生思想道德教育，纠正只用学习成绩来评价学生的错误理念。父母应以全面发展的观念来审视大学生的发展，形成综合发展的人才观。大学生是社会的人，不是学习的机器，要以客观全面的评价体系引导大学生素质教育。父母要重视发展大学生的综合素质，使其成为德智体美劳全面发展的时代新人，成为符合新时代需要的人才。新时代育人的根本在于立德，大学生最基本的道德品质是孝德，父母要意识到孝德养成的重要性。其次，父母要注重道德引导和人格养成。父母应将孝悌作为教育子女立身处世的根本，视为启迪善端、扩充善性的最佳途径。中国文化历来讲究修身、齐家、治国、平天下，齐家是其中重要的一环。父母要意识到传统孝德文化的重要性，继承和弘扬古代家训以孝齐家的优良传统，孕育优良家风。父母对子女开展古代家训的孝道教化，从小培育子女的孝心，树立五伦莫先于亲、百行皆源于孝的道德意识，引导子女明人伦、走正道、拒邪僻。中国历史上的众多家训，无一不把教子做人、教子成人视为家教的核心内容。无论是读书、务农，还是做工、经商，都要做好人、做孝子，“立身以孝悌为基”，这是中国人对子孙后代的期许，也是中国人的价值观。父母要运用优秀的古代家训文化，养成子女健全人格，形成孝顺父母、友爱兄弟的良好家风。

父母要注重培养孩子的感恩意识。感恩之情是一种高尚的道德情操，是为人最起码的道德修养。“谁言寸草心，报得三春晖”，这种发乎于心、行乎于外的朴素情感是从对父母尽孝开始的。父母的家庭教育既注重言传与身教并施，也注重严教与慈教结合，有利于化解家庭矛盾和冲突，营造和谐家庭氛围。由于当代大学生大多是独生子女，从小备受宠爱，在思想、行为以及道德方面存在一些问题，造成部分大学生利益至上、个人主义以及独立能力差等问题。孝德教育源于家庭，孝德的培养也要从家庭开始。“从小就围在你的身旁，看不见你就哭泣，是你把我一手带大，给了我最初的勇气。”这是一首写给母亲的歌曲开头，表达出一名游子对母亲的感恩之情。“知感恩，行孝道，羔羊跪乳鸦反哺，为人首要孝父母。”孝德的本质就是感恩，孝德与感恩是水乳交融的，心怀感恩就会懂得爱与尊重，就会把内心的爱付诸行动，回报他人和世界。家长要有意识地向子女传递孝德思想，为子女提供孝德实践情境，提高子女践行孝德能力。父母要从小引导教育孩子要懂得孝敬父母、体恤长辈，培养孩子的独立能力，感恩意识、家庭情感和奉献精神，养成良好的孝德意识和道德规范，为孩子主动践行孝德奠定基础。

二、家长要注重做好孝德行为示范

美国心理学家班杜拉认为，儿童社会行为的习得主要是通过观察、模仿现实生活中重要人物的行为来完成的，儿童依靠观察学习可以迅速掌握大量的行为模式。但是获得什么样的行为以及行为的表现如何，则有赖于榜样的作用。而父母作为儿童最亲近、最重要的人，自然是最容易被观察和模仿的榜样。因此，父母的行为模式潜移默化地影响着孩子的行为模式，“身教胜于言传”说的也就是这个道理。父母的行为示范在家庭中是最生活化、最有感染力的教育。所谓“有其父必有其子”，强调的是父母对子女的性格、习惯、行为等养成的重要影响。我们往往发现，孝顺父母的家庭往往较为和睦。在良好的家庭环境中成长的孩子，会比较认可父母，并会效仿父母的行为。父母要重视自己的道德品行、言行举止对子女行为、思想行为的影响力。首先，家长在日常生活中要注重以身作则，尊敬自己的父母，营造孝亲敬老的家庭氛围。父母通过行为示范教育，为大学生树立榜样，做到尊敬父母长辈，心怀感恩之心。大学生会在潜移默化中受到影响和感化，更能体谅理解父母，关心爱护父母，尊敬长辈。家长也要主动提升自身孝德文化素养，以自己的实际行动为子女做好榜样，增强子女对孝德文化的认知与认同。其次，家长要选择正确的教育方式，建立平等的亲子关系。恰当的教育方式，不仅能够培育子女完善健全的人格，而且能够最大限度地保证子女成长成才。在生活中，父母要尊重孩子的意愿，对待子女要理智施爱，要平等沟通，并施以正确的指导。父母对孩子的选择不强加干涉，充分尊重孩子的想法。充当孩子的引路人与大朋友，不要为他们设计好人生的成长目标与路线。父母在发现孩子的错误时，不能一味指责打骂，而应与孩子之间形成良好的沟通方式，形成和谐的亲子关系。在这种环境下生长的青少年，更能从心底认同、感激父母，也会更加理解父母，从而培养健全的品质。

父母要注重培养大学生的孝德行为习惯。良好的家庭孝德环境是熏陶式教育，孩子善于模仿父母的行为习惯，所以父母要以身作则，使孩子在内心深处得到启发。著名的教育学家卢梭、斯宾塞都不约而同地认为家庭环境对于孩子的成才有重要的影响。人的社会化理论认为，一个人要充当某种社会角色之前，必须做好扮演这种角色的准备。大学生要实现社会人的角色转变，这个过程中也需要家长帮助其完成，使其形成可以自食其力、适应社会要求的独立社会人。孝敬父母不是一时的冲动，需要自觉的长期坚持，在日常生活中多规范自己的行为。孝德的培养必须重视家庭体验教育，为大学生提供孝德实践机会。在日常生活中，家长不能操办孩子一切事情，需要锻炼孩子独立能力，平时在家需要承担一些家庭事务。虽然大学生还没有经济能力，没有办法从物质上提供孝敬父母的能力，但是可以通过力所能及的劳动给予父母精神上的满足，为父母排解烦恼。父母在日常生活中要监督子女的孝德行为，一旦发现大学生的不孝顺行为应当及时指出，纠正其不良习惯。同时，要强化大学生的孝德体验，形成孝敬父母长辈的行为习惯。可以利用一些节日契机，组织开展孝老敬亲活动。在清明节时，组织全家出门为先祖扫墓、祭奠祖先，让大学生感受孝德文化的熏陶，感受父母与先祖之间的情感，加深子女与父母之间的亲情关系。在重阳节时，可以组织孩子拜访长辈，培养大学生孝老敬亲的意识。

三、弘扬崇德向善的优良家教家风

家庭是中华文化传承的重要空间，家风家教是民族文化基因传承的中国方式。中华民族自古以来就有崇尚孝德的优良传统，倡导以孝立身、以孝齐家，涵育孝德家风，周公诫伯禽、孔门庭训、孟母三迁等事例，皆是中国家风家教传统悠久历史的见证。习近平总书记强调：“家风家教是一个家庭最宝贵的财富，是留给子孙后代最好的遗产。”[1] 所谓家风，指的是家庭世世代代所传承下来的风尚和生活作风等，一个家庭中历经世代传达的文化和风气，为家庭的后人树立一定的价值准则和行为规范。家风建设在家庭教育中发挥着极为重要的作用。《周易・家人》早就提出“教先从家始”“正家而天下定”的主张，《大学》更是明确地将修身、齐家作为治国、平天下的根本。中国古代的家风家训受此影响，尤其注重孝德的培养，无不把“事父母孝”列为家风家训的核心内容，大力倡导“父慈子孝、兄友弟恭，本之本也”的孝悌之道。我们国家历来有传承家书家训的习俗，长辈会将自己家族为人处事的理念、对子女的教导训诫以文字形式遗留下来，代代传承。比如《曾国藩家书》《颜氏家训》，都是古人用来教育子女的家训典范，规范子女在社会生活中为人处世的方法，起到教育子孙后辈，塑造健全人格的重要功能。《钱氏家训》是钱家先祖五代十国时

[1]《习近平在四川考察时强调　深入贯彻新发展理念主动融入新发展格局　在新的征程上奋力谱写四川发展新篇章》,《人民日报》2022 年 6 月 10 日。

期吴越国国王钱镠留给子孙的精神遗产，千百年来钱氏后人始终以家训为道德规范和行为准则。钱氏家族不断涌现出诸多为国家做出巨大贡献的人才，如钱钟书、钱三强等。中国人的家训家教以勤俭持家、修身养性、耕读传家、忠孝廉悌、爱国敬业等内容为主，蕴含着丰富的中华优秀传统美德资源、优良家风的精神实质，融入中国人的精神血脉之中，是中华民族的宝贵精神遗产，也是家风建设的重要精神财富。历朝历代，凡出大家者均倡导良好家风，尤以名家辈出的苏氏家族闻名。苏氏家族有着诗书传家、志存高远、非义不取、敬老尊贤等良好家风家教，让苏氏家族人才辈出，出了同列唐宋八大家的苏洵、苏轼、苏辙父子三人，流芳百世，成为佳话。红色家风的传承，也深刻地影响着革命后代。李大钊是中国共产党的主要创始人之一，在革命年代为人民解放事业奔走求索、艰苦奋斗、一生简朴，牺牲时只给家里留下了一块大洋，传承了清正廉洁、以身作则的优良家风。李大钊朴素清廉的生活作风、无私奉献的革命精神，深深影响了自己的孙辈李宏塔等人。作为革命烈士的后代，李宏塔始终牢记为人民服务、奉献社会的优良家风，获得“七一勋章”荣誉。红色家风以温情、亲情的言传身教，承载并传递出革命先辈们对子女后代为党为国为社会做有用之人的谆谆教诲和殷殷期盼。红色家风在新时代焕发出特有生命力和感召力，用生动鲜活的素材，以故事、书信、言语等形式，教育和传递后人要有崇高的理想信念、良好的道德规范、正确的价值取向，在世代传承中更加鲜活有力。要弘扬传承革命先辈的红色家风精神，引导大学生树立良好的孝德品质。

弘扬良好的家教家风对于大学生孝德养成具有关键作用。优良家教家风的赓续传承，不仅会对一个家庭家族产生积极影响，也将对大学生良好孝德品质培养产生重要作用，还能带动整个社会崇德向善。如2022年“最美大学生”“全国道德模范”崔译文，为救同学毫不犹豫用自己的身体挡住歹徒的尖刀。2019年3月10日晚上，就读于桂林电子科技大学的崔译文，在与同学结伴返回寝室的途中，遇到因感情纠葛怀恨在心的行凶者。为保护身旁的同学不继续受到伤害，她毫不犹豫用自己的身体挡住歹徒的尖刀，结果，她身中八刀，受伤严重。在凶徒疯狂行凶逃走后，她不顾自己的伤情，还只想着帮身旁同学止血，全然没有意识到自己受伤的严重性。因为这次见义勇为，这个原本“普通得不能再普通”的女孩，成了同学眼中的“最牛女生”“挡刀女孩”。当她被问及为什么能做出如此勇敢的行动时说，“我不冲上去，她可能会死，没想过自己会怎么样”，这是“军人家风”带给她的特质。她妈妈说：“我们从小就希望小孩有责任心，不要说谎，诚实做人，长大以后对家庭、对社会有责任、有担当，这是我跟她爸爸最大的希望。”[1] 家是每个人成长的第一环境，家风是家长的言传身教，家长怎么样，孩子将来就可能怎么样。在崔译文心里，父亲崔宏伟就是超级英雄一般的存在。曾任海军某部修理所指导员的崔宏伟，在一次在执行海上任务时为了掩护身旁战友，大腿严重受伤，被鉴定为五级伤残。父亲坚强面对，积极康复，最终摆脱轮椅，可以像正常人一样站立和行走。受伤后，崔宏伟仍然选择继续留在部队，把最好的时光奉献给所热爱的军队事业。父亲乐观积极的人生态度和勇敢无畏的军人气质深深感染她，让她在成长的道路上不论遇到什么困难和挫折都能乐观面对、勇敢向前，也让她学会了时刻为他人着想，遇到需要自己的时候，敢于冲锋，不怕危险。在崔译文的记忆里，母亲是撑起这个家的顶梁柱。她就是在这样一个家庭中成长起来的，英雄的父亲和持家的母亲培养了独立自主、关怀他人、乐观向上、勇敢担当的她。[2] 正是浸润着优良家风，从小就有正义感，懂得感恩，成了她的价值准则和行为习惯，成了她在面对尖刀利刃时，能不假思索挺身而出的无形力量，也让她总是把阳光的一面展现给他人，将温暖带给了身边的人，还把这份暖意传递给了整个社会。

家风虽然摸不着也看不见，但却有着强大的力量。“全国脱贫攻坚楷模”“七一勋章”获得者黄文秀出生于广西百色市田阳区巴别乡德爱村多柳屯，从小家境贫寒，父母亲的身体也不好，但父母从小教育其自立自强、努力上进、心怀感恩。2016 年从北京师范大学哲学学院思想政治教育专业毕业后考取了家乡广西百色的选调生，回到家乡百色工作，派驻乐业县新化镇百坭村第一书记。担任驻村第一书记期间，黄文秀一心为民、兢兢业业、任劳任怨，把扶贫路当“长征路”，最终在国家的扶贫事业上奉献了自己的价值。有同学问过她，为什么要放弃在大城市工作的机会，偏偏回到贫穷的家乡？她回答：“很多人从农村走了出去就不想再回去了，

[1]《为救同学身中 8 刀“挡刀女孩”的勇气从何而来?》,《人民日报》2019 年 5 月 21 日。

[2]《为同学挡了 8 刀的女孩：军人父亲是我的英雄》,《人民日报》2022 年 11 月 14 日。

但总是要有人回来的，我就是要回来的人。”黄文秀在入党申请书中写道：“只有把个人的追求融入党的理想之中，理想才会更远大。一个人要活得有意义，生存得有价值，就不能光为自己而活，要用自己的力量为国家、为民族、为社会作出贡献。”[1] 家风家教会潜移默化地融入人们的内心，成为人们的价值准则和行为习惯。弘扬优良家教家风是培育大学生责任意识、感恩意识的必要条件。传承家教家风重在父母，父母传承良好家教家风，可以更好涵养大学生追求向善向上、树立崇高理想、凝聚爱国情怀。这充分体现出了优良家教家风对于一个人一生的积极影响。

第四节　凸显主体：加强大学生自身孝德修养

叶圣陶先生说：“教育的目的是不教育。”大学生孝德的培养，除了发挥学校、家庭和社会的教育引导作用，大学生加强自身孝德修养也十分重要。著名心理学家、教育家维果茨基认为，人能总结经验、发现事物的内部规律、主动控制自己的能力，因而具有积极地改造客观现实、创造世界的本领。要尊重学生的主体性，加强学生自我教育能力。学校、家庭、社会的正面课堂教育是大学生形成正确的世界观、人生观和价值观的外源性因素；不断加强自我修养、自我教育、自我充实则是大学生形成正确的世界观、人生观和价值观的内源性因素。[2] 孝德是大学生提升主体认知和自觉性的过程中形成的，要充分凸显孝德教育中大学生的主体地位，激发大学生学习孝德的积极性、主动性，不断提高大学生孝德修养。

---

[1]《芳华无悔——追记用生命坚守初心和使命的青年共产党员黄文秀》，新华网，2019-06-29。

[2] 刘玉殿：《大学生思想道德修养》，山东大学出版社 2006 年版，第 251 页。

一、提高大学生孝德学习主动性

社会是由人组成的社会，社会生活是由人的实践活动创造和推动的，人是社会实践的主体。不解决大学生的思想认识问题，不调动和激发大学生的积极性、主动性、创造性，不增强大学生实践的精神动力，就不可能提高大学生孝德行为自觉性。作为主体的人对孝德的认知，是人的道德起点，自觉提升孝德认知和孝德能力，是培养大学生孝德行为能力的关键。开展大学生孝德教育，要从大学生主体着手，培养大学生学习孝德的积极性、主动性，不断提高自身的道德修养。苏霍姆林斯基说："真正的教育乃是自我教育。"对大学生而言，提升孝德素养的最有效途径是自我教育。当代大学生自主意识比较强，大学生只有真正接受孝德观念，形成孝德意识，才能主动践行孝德行为，传承中华优秀传统孝德。首先，大学生要端正孝德学习态度，主动学习优秀传统孝德文化。文化的重要组成部分包含了价值观、道德观，对培养人的价值观念、激励人的道德养成具有重要作用。优秀传统孝德文化是中华民族几千年历史传承下来的精神财富，是提升大学生孝德素养的宝贵资源。由于多种因素的影响，大学生孝德观念还存在偏差与误解，对弘扬与传承孝德的主动性也不强。大学阶段是青年学生品德培养的关键期，大学生应该利用一切机会学习孝德文化理论知识，主动提高学习孝德文化的欲望。大学生应主动学习和了解中华优秀传统孝德，阅读优秀传统孝德书籍、孝德故事，深入了解儒家孝德文化思想，将丰富的孝德精神内化为自身的文化素养，修养道德品质，完善健康人格。其次，大学生应培养孝德自觉性，积极参加孝德实践活动。通过孝德实践活动，在充分融入孝德元素的活动中感受孝德的精神力量，增强孝德学习体验，培养孝敬父母、奉献社会、报效国家的高尚品格。最后，大学生要加强自我反省。孔子曰："见贤思齐焉，见不贤而内自省也。"在大学生践行孝德的过程中，往往会遇到许多问题，那么就需要大学生经常内省与反思，学会批评与自我批评，循环往复地提升自己的孝德素质。著名画家欧仁·德拉克洛瓦说："一个人明白事理，首先要做到诚实而有节制。"大学生在践行孝道时要严于律己，在无人监督下，凭借高度自觉来践行孝德，以一颗真诚的心加强自身修养和自我教育，逐渐养成高尚的孝德品质。大学生要严格要求自己，需要时刻自省，思考自己的行为是否做到了尊重父母、孝敬父母，以正确的方式去践行孝德。大学生要主动学习孝德典型的先进事迹，向先进孝德榜样看齐，感受孝德人物的崇高精神，从内心深处感受孝德人物的精神魅力，真正把孝德的培养落到实处。

二、培养大学生孝德情感坚定性

情感是人内在的感情因素，是一个人无法抗拒的力量，培养大学生的孝德情感至关重要。首先，大学生要注重感恩意识的培养。感恩是每一个人都应当学会的，要体谅他人，尊重他人，感谢他人的付出。感恩是我们的一种生活态度，是每个人需要具备的修养。感恩意识的培养，需要大学生需要从日常做起，持之以恒。做好一件事并不难，坚持做好一件事却很困难。孝敬父母是一辈子的事情，行孝贵在自觉坚持。大学生平时要多关心问候父母，多体谅父母艰辛，不要过多地向父母索取。在日常生活中教父母上网，陪父母谈心，利用寒暑假的机会，多帮父母承担家务。在学校努力学习，提高自身能力，爱护自己，这些都利于感恩意识的养成。对新时代的大学生来说，感恩意识绝不仅仅是回报父母的养育之恩，更是一种自尊自强的信念，是一种家庭责任心和社会责任感。其次，大学生需要强化责任意识。所谓责任意识，是指自己能够主动地去承担外在世界对自己的一种要求，是一种真正的道德自觉。尊敬父母、赡养父母不仅仅是我们爱父母的一种体现，也是我们的责任。新时代大学生要讲情怀、有感恩，这是一切的基础，没有感恩意识不可能是国家需要的人才。加强大学生孝德教育，要培养学生的责任意识，学会承担自己应该承担的责任，对父母尽孝是个人对家庭负责、对社会负责的一个重要起点。大学生不仅仅要对自己负责、对家庭负责，更要有社会责任感。只有理解父母对自己的情感以及付出，培养感恩意识、奉献精神，深化大学生的孝德情感，才能把关爱父母的情感上升到爱他人、爱社会与爱祖国的高尚情感，增强实践孝德行为的主动性和自觉性。大学生作为肩负重任的时代新人，要站在时代发展的高度，主动培养孝德情感，增强社会责任意识，树立孝亲报国的人生信念，不断实现人生价值。孝德情感具有始于家庭而延伸至社会、始于私德而扩展为公德的特点。要引导大学生的孝德情感向整个社会乃至自然界扩展，孝敬父母不只是社会的他律性道德规范要求，更是由追本报恩意识发展而来的自由自觉的自律性行为，这也是绝大多数人从小就会产生的一种自然情感。扩充这种基于孝德的感恩情怀，不但有利于建立和睦的家庭关系，而且能由小到大培养大学生的感恩意识、责任意识、家国情怀，由爱家到爱他人、爱社会、爱国家。

三、提高大学生孝德行为自觉性

道德的真谛和意义不在于抽象的概念和空洞的说教，而是在于实践和行动。道德认知只有体现在道德行为实践之中，才算是“真知”。人们的实践活动从来都不是无意识的、盲目的实践，而是一种知行统一的实践。习近平总书记明确强调：“要修德，加强道德修养，注重道德实践。”[1] 孝德教育只有落实到实践中才具有实际意义，脱离实践的任何认识都是毫无基础的“空中楼阁”。大学生孝德教育不能仅停留在理论知识层面，唯有理论结合实践，将理论付诸生活实践，才能在孝德实践过程中提高孝德修养和孝德行为能力。大学生在现实生活中对父母践行孝德，是将对孝德的认识和情感转化为孝德行为习惯，通过身体力行践行孝德行为。实践的过程需要实践主体具有实践能力，实践孝德的过程也需要能力。开展大学生孝德教育，培养其孝德行为能力是根本目的。当前部分大学生存在孝德知行不一致、孝德知行脱节的问题，培养大学生孝德行为能力很重要。对于具有较高知识水平的大学生而言，孝敬父母、尊敬长辈的道理很容易领会，要在现实实践中做到却有些困难。大学生要学会体贴父母、体谅长辈，身体力行地实现对父母、长辈的感恩和孝敬。大学生要增强践行孝德行为自觉性，在自我教育过程中，要寻求榜样的力量，向孝德榜样学习，形成激励性和启发性，引导大学生感激父母、孝敬父母、理解父母，产生发自内心的孝德情感，这是大学生行孝的感情基础。大学生应避免“三天打鱼，两天晒网”的情况，从生活小事做起，形成坚定的孝德意志，用实际行动持之以恒孝敬父母，让孝行成为一种良好习惯。大学生要用实际行动孝敬

[1]《习近平谈治国理政》（第 1 卷），外文出版社 2018 年版，第 172 页。

父母，深刻感受孝德的意义，培养实践孝德行为自觉性。通过孝德行为能力的培养，引导大学生进入社会后形成家庭责任感和社会责任心，做到孝顺父母、奉献社会、回报国家，实现孝德认知和孝德行为的统一。

结　论

青年兴则国兴，青年强则国强。高校大学生是国家的未来，民族的希望，肩负着全面建成社会主义现代化强国和实现中华民族伟大复兴的重大历史使命。国无德不兴，人无德不强。道德之于个人、之于社会，具有基础性意义。高校要落实立德树人根本任务，做到为党育人，为国育才，需精准定位德育目标，有的放矢。育人的根本在于立德，立德树人回答了"培养什么人、怎样培养人、为谁培养人"的根本问题，即培养担当民族复兴大任的时代新人。高校要培养时代新人，要培养有志气、有骨气、有底气的中国人，就要立足中华优秀传统文化的弘扬传承，培育中华优秀传统孝德。《论语》指出："弟子入则孝，出则弟，谨而信，泛爱众而亲仁，行有余力，则以学文。"这就把道德修养置于知识习得之上，突出了德育的首要位置，彰显了儒家立德修身的价值追求。孝德作为中华民族传统美德，历经千百年历史发展，深刻融入了中国人的血液之中，以其强劲的生命力诠释了中国人所推崇的道德理念，并且指引着中国人的道德实践。习近平总书记指出："牢固的核心价值观，都有其固有的根本。抛弃传统、丢掉根本，就等于割断了自己的精神命脉。博大精深的中华优秀传统文化是我们在世界文化激荡中站稳脚跟的根基。"[1] 孝德是中华民族几千年来伦理道德和社会规范的集中体现，是中华民族的优秀传统美德和重要文化基因，也是公民道德品质的重要基础和大学生道德养成的重要内容。当代大学生是社会中具有重要影响力的群体，具有较强的传播力和引导性，其价

[1]《习近平谈治国理政》(第1卷)，人民出版社2018年版，第164页。

值观念也是社会价值观念的一个缩影和折射。当前，大学生面临着日益复杂的成长环境，受到多方面因素的影响，出现孝德认知模糊、孝德情感淡薄、孝德行为缺失等问题。当代大学生孝德状况不容乐观，开展传统文化与大学生孝德教育研究刻不容缓。

本书主要是厘清孝德、孝德教育及大学生孝德教育的基本理论问题，阐述大学生孝德教育的时代诉求及其重要性，分析大学生孝德教育的理论基础和思想渊源，为后续的研究展开做好铺垫。其次，提出了当代大学生孝德教育的基本理论，孝德教育具体目标从树立正确的孝德认知、培养坚定的孝德情感和增强践行孝德的行为能力着手；孝德教育主要内容应侧重在敬亲养老教育、自尊自爱教育、知恩感恩教育和责任担当教育四个层面；孝德教育基本特点包括从私德逐渐扩展到公德、要求行孝更加趋于自律性、要求尽孝不断趋于人性化等。必须综合考虑和坚持批判性与继承性相结合、坚持主体性与客体性相结合、坚持立德树人与全面发展相结合、坚持显性教育与隐性教育相结合等孝德教育重要原则；探索出理论教育法、隐性教育法、启发教育法、实践教育法等行之有效的孝德教育方法。结合当前的时代背景，从孝德认知、孝德情感、孝德行为和孝德教育等多个层面探究大学生孝德现状，从社会因素、教育因素、家庭因素和个体因素分析大学生孝德问题的影响因素。科学的理论对实践具有积极的指导作用，科学理论的价值在于指导实践。最后，提出解决当代大学生孝德教育的有效路径应从优化环境：创设崇尚孝德的社会氛围；提高实效：发挥高校孝德教育引导作用；注重熏陶：营造良好的家庭孝德环境；凸显主体：注重加强大学生自身孝德修养等方面着手。

本研究在开展过程中仍然存在一些不足，虽然占有了较为丰富的相关研究资料，但是仍有未获取的文献材料和最新研究成果。前人的研究成果，为本书提供了有益借鉴。由于个人知识水平和能力有限，研究经验的相对欠缺，对研究问题的思考和分析还不够全面和深入。孝德的影响是深远的，孝德教育问题也值得不断探索。传统文化与大学生孝德教育研究是一个历久弥新的课题，本书对传统文化与大学生孝德教育问题的研究只是初步的探索，仍需要今后不断深入思考和完善。我相信，通过学者和社会各界的共同努力，一定能不断提升大学生孝德教育的效果，增强大学生的孝德意识和孝德能力，推动全社会形成敬亲孝亲、尊老爱老、崇德向善的良好社会风尚。

主要参考文献

一、经典著作和重要文献

[1]《马克思恩格斯选集》第 1 卷，人民出版社 1995 年版。

[2]《马克思恩格斯文集》第 1 卷，人民出版社 2009 年版。

[3]《马克思恩格斯文集》第 10 卷，人民出版社 2009 年版。

[4]《列宁选集》第 1 卷，人民出版社 2012 年版。

[5]《马克思恩格斯列宁论意识形态》，人民出版社 2009 年版。

[6]《孙中山选集》，人民出版社 1956 年版。

[7]《毛泽东选集》第 1 卷，人民出版社 1991 年版。

[8]《朱德选集》，人民出版社 1983 年版。

[9]《邓小平文选》第 1 卷，人民出版社 1993 年版。

[10]《江泽民文选》第 2 卷，人民出版社 2006 年版。

[11]《胡锦涛文选》第 1 卷，人民出版社 2016 年版。

[12]《习近平谈治国理政》第 1 卷，外文出版社 2018 年版。

[13]《习近平谈治国理政》第 2 卷，外文出版社 2017 年版。

[14]《习近平谈治国理政》第 3 卷，外文出版社 2022 年版。

[15]《习近平谈治国理政》第 4 卷，外文出版社 2022 年版。

[16] 中共中央文献研究室：《毛泽东邓小平江泽民论世界观人生观价值观》，人民出版社 1997 年版。

[17] 中共中央宣传部：《毛泽东邓小平江泽民论社会主义道德建设》，学习出版社 2001 年版。

[18] 中华人民共和国教育部、中共中央文献研究室：《毛泽东邓小平江泽民论教育》，中央文献出版社、人民教育出版社、北京师范大学出版社 2002 年版。

[19] 共青团中央、中共中央文献研究室：《毛泽东邓小平江泽民论青少年和青少年工作》，中央文献出版社、中国青年出版社 2000 年版。

[20] 中共中央文献研究室：《习近平关于青少年和共青团工作论述摘编》，中央文献出版社 2017 年版。

[21] 中共中央文献研究室：《习近平关于社会主义文化建设论述摘编》，中央文献出版社 2017 年版。

[22] 中共中央党史和文献研究院：《习近平关于注重家庭家教家风建设论述摘编》，中央文献出版社 2021 年版。

[23] 习近平：《青年要自觉践行社会主义核心价值观——在北京大学师生座谈会上的讲话》，人民出版社 2014 年版。

[24] 习近平：《决胜全面建成小康社会　夺取新时代中国特色社会主义伟大胜利——在中国共产党第十九次全国代表大会上的报告》，人民出版社 2017 年版。

[25] 习近平：《在北京大学师生座谈会上的讲话》，人民出版社 2018 年版。

[26] 习近平：《在纪念五四运动 100 周年大会上的讲话》，人民出版社 2019 年版。

[27] 习近平：《思政课是落实立德树人根本任务的关键课程》，人民出版社 2020 年版。

[28] 习近平：《高举中国特色社会主义伟大旗帜　为全面建设社会主义现代化国家而团结奋斗——在中国共产党第二十次全国代表大会上的报告》，人民出版社 2022 年版。

二、学术著作

[1] 许慎：《说文解字》，天津古籍出版社 1991 年版。

[2] 陈国庆、王翼成注评：《论语》，陕西人民出版社 2006 年版。

[3] 罗新慧：《曾子研究——附〈大戴礼记〉“曾子”十篇注释》，商务

印书馆 2013 年版。

[4] 陈书凯译:《孝经》,中国纺织出版社 2015 年版。

[5] 汪受宽译注:《孝经译注》,上海古籍出版社 2016 年版。

[6] 杨伯峻译注:《论语译注》,中华书局 2017 年版。

[7] 方勇译注:《孟子》,中华书局出版 2017 年版。

[8] 杨逢彬等译注:《论语 大学 中庸译注》,华东师范大学出版社 2018 年版。

[9] 殷海光:《中国文化的展望》,中国和平出版社 1988 年版。

[10] 杨国枢:《中国人的心理》,桂冠图书公司 1988 年版。

[11] 钱逊:《先秦儒学》,辽宁教育出版社 1995 年版。

[12] 罗国杰:《中国传统道德》,中国人民大学出版社 1995 年版。

[13] 宁业高等:《中国孝文化漫谈》,中央民族大学出版社 1995 年版。

[14] 魏英敏:《孝与家庭伦理》,大象出版社 1997 年版。

[15] 徐复观:《中国人性史论》,台湾商务印书馆 1999 年版。

[16] 黄钊:《中国道德文化》,湖北人民出版社 2000 年版。

[17] 肖群忠:《孝与中国文化》,人民出版社 2001 年版。

[18] 韩德民:《孝亲的情怀》,北京语言文化大学出版社 2001 年版。

[19] 李友清:《中华孝文化研究》,湖北人民出版社 2007 年版。

[20] 施仲谋、杜若鸿:《中国文化传承》,北京大学出版社 2007 年版。

[21] 李晶:《孝道文化与社会和谐》,《中国社会出版社》2008 年版。

[22] 肖波、丁么明:《当代学者论孝》,湖北人民出版社 2008 年版。

[23] 陈功:《社会变迁中的养老和孝观念研究》,中国社会出版社 2009 年版。

[24] 叶光辉、杨国枢:《中国人的孝道:心理学的分析》,重庆大学出版社 2009 年版。

[25] 王芸廷:《中华孝德故事》,河南人民出版社 2010 年版。

[26] 孔润年:《伦理文化的人格透视》,中国社会科学出版社 2010 年版。

[27] 朱岚:《中国传统孝道思想发展史》,国家行政学院出版社 2011 年版。

[28] 余志平:《多维视野中的中华孝文化研究》,湖北人民出版社

2011 年版。

[29] 肖波:《中国孝文化概论》,人民出版社 2012 年版。

[30] 张云风:《漫说中华孝文化》,四川人民出版社 2012 年版。

[31] 王邦福:《孝德教育读本》,兰州大学出版社 2013 年版。

[32] 宋乃裕:《公民孝德修养丛书:中国孝文化读本》,羊城晚报出版社 2013 年版。

[33] 辛丽丽、焦国成:《中国人的美德:孝》,天津人民出版社 2013 年版。

[34] 林建宁:《家庭美德·孝德》,山东教育出版社 2014 年版。

[35] 贾宏雄、易罡:《孝文化漫谈》,新华出版社 2015 年版。

[36] 肖波、徐玉琼:《以孝文化创新大学生德育》,中国文史出版社 2015 年版。

[37] 卢明霞:《养老视阈下中国孝德教育传统研究》,中国社会科学出版社 2016 年版。

[38] 包朗:《中国少数民族孝文化研究》,社会科学文献出版社 2016 年版。

[39] 张祥龙:《家与孝:从中西间视野看》,生活·读书·新知三联书店 2017 年版。

[40] 李仁君:《中华孝文化论》,中国社会科学出版社 2018 年版。

[41] 李银安、李明:《中华孝文化传承与创新研究》,人民出版社 2018 年版。

[42] 郭德君:《传统孝道与代际伦理——老龄化进程中的审视》,中国社会科学出版社 2018 年版。

[43] 丁晓风:《毛泽东家风》,人民出版社 2019 年版。

[44] 陈正宏:《"孝"与中华传统》,上海文艺出版社 2020 年版。

[45] 隽雪艳、黑田彰:《孝文化在东亚的传承和发展》,上海远东出版社 2021 年版。

[46] 潘剑锋:《中国传统孝道养老伦理思想研究》,中国社会科学出版社 2022 年版。

[47] 胡泽勇:《孝文化与家庭养老》,湖北人民出版社 2022 年版。

[48] 卓晴君、方晓东:《教育与人的发展》,教育科学出版社 1995 年

版。

[49] 袁贵仁:《马克思的人学思想》，北京师范大学出版社 1996 年版。

[50] 詹万生:《整体构建德育体系总论》，教育科学出版社 2002 年版。

[51] 傅国本、周子寿:《德育必读》，北京邮电大学出版社 2004 年版。

[52] 陈正良:《冲突与整合——德育环境的系统构建》，中国社会科学出版社 2005 年版。

[53] 周长春:《新形势下大学生思想政治教育探索》，北京工业大学出版社 2005 年版。

[54] 周颖:《他们到底是哪种人——90 后大学生思想行为模式探究》，线装书局 2005 年版。

[55] 刘玉殿:《大学生思想道德修养》，山东大学出版社 2006 年版。

[56] 袁贵仁:《价值观的理论与实践》，北京师范大学出版社 2006 年版。

[57] 北京大学马克思主义学院组编:《当代大学生思想道德教育的理论与方法》，北京大学出版社 2007 年版。

[58] 杨延东:《传统文化与思想品德教育》，大连理工大学出版社 2007 年版。

[59] 徐克谦:《中国传统思想与文化》，广西师范大学出版社 2007 年版。

[60] 王秀华:《经济发展与家庭伦理》，厦门大学出版社 2009 年版。11。

[61] 朱贻庭:《中国传统伦理思想史》，华东师范大学出版社 2009 年版。

[62] 邓演平:《大学生思想政治教育论》，湖南大学出版社 2009 年版。

[63] 王金华:《大学生道德养成教育研究》，华中师范大学出版社 2009 年版。

[64] 宋希仁:《道德观通论》，高等教育出版社 2000 年版。

[65] 郑永廷:《思想政治教育方法论（修订版）》，高等教育出版社 2010 年版。

[66] 曲文军:《中国传统文化与现代化》，山东人民出版社 2011 年版。

[67] 顾友仁:《中国传统文化与思想政治教育的创新》，安徽大学出版

社 2011 年版。

[68] 路琴:《公民道德教育与社会价值观构建研究》，吉林人民出版社 2011 年版。

[69] 陈守聪、王珍喜:《中国传统文化的价值与现代德育构建》，光明日报出版社 2013 年版。

[70] 冯刚:《德育新视野》，当代中国出版社 2011 年版。

[71] 陈守聪、王珍喜:《中国传统文化的价值与现代德育构建》，光明日报出版社 2013 年版。

[72] 梁漱溟:《中国文化要义》，上海人民出版社 2014 年版。

[73] 宋阳、苏建福:《大学生孝德文化读本》，郑州大学出版社 2014 年版。

[74] 孙正聿:《理想信念的理论支撑》，吉林出版社 2014 年版。

[75] 陈先达:《马克思主义和中国传统文化》，人民出版社 2015 年版。

[76] 陈万柏、张耀灿:《思想政治教育学原理（第 3 版）》，高等教育出版社 2015 年版。

[77] 王济干、蒲晓东等:《大学生核心素质模型建构及提升路径研究》，人民出版社 2015 年版。

[78] 吴珏:《马克思主义理论教育的历程与规律研究（1919—1949）》，人民出版社 2015 年版。

[79] 陈跃:《中国共产党青年观研究》，人民出版社 2016 年版。

[80] 辜鸿铭:《中国人的精神》，天津人民出版社 2016 年版。

[81] 楼宇烈:《中国文化的根本精神》，中华书局 2017 年版。

[82] 张岂之:《中国传统文化》，高等教育出版社 2017 年版。

[83] 骆郁廷:《思想政治教育原理与方法》，北京师范大学出版社 2019 年版。

[84] 朱筱新、李军:《中国传统文化（第 3 版）》，中国人民大学出版社 2021 年版。

[85] 赵义良:《西方公民道德教育模式研究》，人民出版社 2021 年版。

[86] 李仁虎:《中国传统文化十论》，商务印书馆国际有限公司 2022 年版。

[87][德]赫尔巴特:《普通教育学》，尚仲衣，译，商务印书馆 1936

年版。

[88][法]孟德斯鸠:《论法的精神》,张雁深,译,商务印书馆1961年版。

[89][英]亚当·斯密:《道德情操论》,蒋自强、钦北愚等,译,商务印书馆1977年版。

[90][荷]斯宾诺莎:《伦理学》,贺麟,译,商务印书馆1983年版。

[91][古希腊]色诺芬:《回忆苏格拉底》,吴永泉,译,商务印书馆1984年版。

[92][美]罗森邦:《政治文化》,陈鸿瑜,译,桂冠图书股份有限公司1984年版,第6页。

[93][美]劳拉·斯马特:《家庭——人伦之爱》,黄渊等,译,延边大学出版社1988年版。

[94][德]马克斯·韦伯:《中国的宗教:儒教与道教》,王荣芬,译,商务印书馆1999年版。

[95][德]黑格尔:《历史哲学》,王造时,译,上海书店出版社2001年版。

[96][英]马林诺夫斯基:《文化论》,费孝通,译,华夏出版社2002年版。

[97][美]杜威:《民主主义与教育》,王承绪,译,人民出版社2005年版。

[98][美]托马斯·里克纳:《培养品格:让孩子呈现出最好的一面》,施李华等,译,中国社会科学出版社、线装书局2005年版。

[99][美]罗思文、安乐哲:《生民之本:〈孝经〉的哲学诠释及英译》,何金俐,译,北京大学出版社2010年版。

[100][美]阿瑟·史密斯:《中国人的性格》,李明良,译,人民日报出版社2010年版。

三、学术论文

[1]关颖:《建立现代社会新孝道的思考》,《理论与现代化》1992年第8期。

[2] 关松林:《论中江滕树的教育思想》,《日本学刊》1994 年第 1 期。

[3] 肖群忠:《"夫孝,德之本也"——论孝道的伦理精神本质》,《西北师大学报(社会科学版)》1997 年第 1 期。

[4] 肖平:《关于孝德的思考》,《道德与文明》2004 年第 1 期。

[5] 王云萍:《早期儒家品德伦理学与"孝"德》,《孔子研究》2004 年第 4 期。

[6] 高崇:《加强对大学生孝德教育的思考》,《邢台学院学报》2006 年第 2 期。

[7] 吴俊蓉:《谈学校德育中的孝德教育》,《现代教育科学》2006 年第 5 期。

[8] 钱逊:《儒家伦理与公民道德教育》,《道德与文明》2006 年第 1 期。

[9] 杜灵来:《孝亲:当代大学生社会化的逻辑起点》,《黑龙江高教研究》2006 年第 9 期。

[10] 马戎:《"差序格局"——中国传统社会结构和中国人行为的解读》,《北京大学学报(哲学社会科学版)》2007 年第 3 期。

[11] 刘任丰、李霞:《对传统孝德的思考》,《教学与管理》2007 年第 3 期。

[12] 曹立前、高山秀:《中国传统文化中的孝与养老思想探究》,《山东师范大学学报(人文社会科学版)》2008 年第 5 期。

[13] 江传月:《论当代中国大陆家庭伦理观》,《深圳大学学报(人文社会科学版)》2009 年第 1 期。

[14] 王问靖:《论孝德与中华传统道德文化的关系》,《武汉科技大学学报(社会科学版)》2009 年第 1 期。

[15] 季庆阳:《近十年中国大陆孝文化研究综述》,《社会科学评论》2009 年第 3 期。

[16] 赵军华、白精卫:《传统孝德及对当代大学生孝德教育的借鉴》,《思想教育研究》2009 年第 3 期。

[17] 韩巍岩:《论加强高校的孝德教育》,《沈阳工程学院学报(社会科学版)》2009 年第 3 期。

[18] 卢明霞、王立仁:《试论孝德教育的源起和产生》,《东北师大学

报（哲学社会科学版）》2009 年第 5 期。

[19] 陈瑞:《先秦儒家“孝”思想的现代价值》,《内蒙古农业大学学报（社会科学版）》2010 年第 1 期。

[20] 计志宏:《中国传统孝文化历史嬗变及当代价值》,《山西社会主义学院学报》2010 年第 2 期。

[21] 卢明霞、王立仁:《孝德教育的当代价值》,《思想教育研究》2010 年第 4 期。

[22] 王永明:《高校孝德教育目标探赜》,《学校党建与思想教育》2010 年第 11 期。

[23] 贺才乐、胡志群:《中国传统孝德及其现代转型探讨》,《理论与改革》2010 年第 5 期。

[24] 施晖、栾竹民:《儒家“孝”的观念在日本的传承与嬗变——以日本的家训为切入点》,《国外社会科学》2010 年第 5 期。

[25] 阎秀芝、宋绍成:《高校德育应有“孝亲”内容》,《经济研究导刊》2010 年第 21 期。

[26] 王婷婷、陈冬林:《当代大学生孝德教育的有效途径探析》,《学理论》2010 年第 25 期。

[27] 张显树、陈志夫:《传统孝德文化对当代青少年道德教育的指导作用》,《河北大学学报（哲学社会科学版）》2011 年第 1 期。

[28] 孔润年:《传统“孝”德内涵的演变与现代转换》,《道德与文明》2011 年第 3 期。

[29] 骆风、陈秋梅、刘惠良:《家长心理健康、亲子关系及其对子女心理健康影响的调查研究》,《教育研究与实验》2011 年第 6 期。

[30] 佘双好:《从说理教育到心理疏导——思想政治教育方法的发展》,《思想理论教育导刊》2011 年第 7 期。

[31] 秦琴、李美双:《当代大学生对传统孝德文化的继承和超越》,《重庆理工大学学报（社会科学）》2011 年第 7 期。

[32] 张一澍、王永明:《高校开展孝德教育的重要意义》,《教育探索》2011 年第 11 期。

[33] 祖晨阳等:《试述孝德教育的地位及其价值诉求》,《前沿》2011 年第 23 期。

[34] 骆风:《弘扬我国家庭传统美德的战略研究报告》,《战略决策研究》2012 年第 2 期。

[35] 王翠:《孝文化的历史回眸与当代建构》,《孔子研究》2012 年第 6 期。

[36] 张北平:《弘扬新型孝德　打造“孝文化”特色学校》,《学校党建与思想教育》2012 年第 8 期。

[37] 肖群忠:《谈孝德》,《中国德育》2012 年第 12 期。

[38] 李重阳、卢明名、卢明霞:《孝德视阈下农村养老保障机制研究——以黑龙江省绥化市为例》,《湖北农业科学》2012 年第 22 期。

[39] 肖波:《高校孝德教育与爱国主义教育论析——以湖北工程学院为例》,《学校党建与思想教育》2012 年第 24 期。

[40] 周怀宇:《〈管子〉孝论: 中国孝文化的理论起源》,《安徽大学学报(哲学社会科学版)》2013 年第 1 期。

[41] 刘金如、任丹妮:《论大学生孝德教育的主要途径》,《湖南科技学院学报》2013 年第 3 期。

[42] 汤致琴:《关于大学生孝文化教育的思考》,《湖北社会科学》2013 年第 4 期。

[43] 贺才乐、刘珺:《中国孝德的现实困境与路径选择》,《广西教育学院学报》2013 年第 6 期。

[44] 王乃翠、曾庆伟、梁之全:《县域整体推进“孝德教育”的实践探索——基于“中国孝城”山东省嘉祥县的个案分析》,《当代教育科学》2013 年第 10 期。

[45] 张一澍、王永明:《大学生孝德教育探析》,《教育探索》2013 年第 11 期。

[46] 罗迪:《文化认同视角下的大学生社会主义核心价值观教育》,《思想教育研究》2014 年第 2 期。

[47] 巴晓津:《汉初“孝德”的形成与确立——以陆贾、贾谊思想为中心》,《天津师范大学学报(社会科学版)》2014 年第 4 期。

[48] 邓卓明、税强:《论引领社会思潮的五大路径》,《马克思主义研究》2014 年第 5 期。

[49] 巴晓津:《中华优秀传统文化教育与大学生思想道德素质的培

养》，《思想理论教育导刊》2014 年第 7 期。

[50] 李霞：《当代大学生孝德教育现状的实证研究》，《教育与职业》2014 年第 9 期。

[51] 孙志勇：《思想政治教育视阈下大学生孝文化教育探析》，《学校党建与思想教育》2014 年第 12 期。

[52] 陈骏：《传承孝德文化精髓　弘扬社会主义核心价值观》，《中国高等教育》2014 年第 20 期。

[53] 张丽：《浅析当代大学生孝行现状及孝德养成的对策》，《长春师范大学学报》2015 年第 1 期。

[54] 闵军：《早期儒家孝道思想体系建构初探》，《兰州学刊》2015 年第 1 期。

[55] 万海洮等：《大学生孝行现状调查分析——以安徽工程大学为例》，《高校辅导员学刊》2015 年第 2 期。

[56] 宋玉军：《中国古代孝道文献综述》，《宁夏社会科学》2015 年第 2 期。

[57] 卢勇：《传统孝道规范性的来源及其现代启示》，《东南学术》2015 年第 3 期。

[58] 周卫：《大学生孝德教育探索——以湖北工程学院为例》，《高校辅导员学刊》2015 年第 3 期。

[59] 李萌：《校园文化建设与大学生孝德教育》，《华北水利水电大学学报（社会科学版）》2015 年第 4 期。

[60] 付琼：《挖掘优秀孝文化资源　加强大学生孝德教育》，《宿州学院学报》2015 年第 4 期。

[61] 李怡、倪新兵：《传统孝道的近代化历程》，《云南社会科学》2015 年第 5 期。

[62] 金小燕、傅永军：《谏亲：儒家孝道的“实践智慧”》，《理论学刊》2015 年第 5 期。

[63] 骆风：《我国城镇老、中、少年三代家庭成员道德表现的比较分析》，《理论月刊》2015 年第 6 期。

[64] 于慧芳：《论传统孝德中蕴含的精神孝养及其现实意义》，《洛阳师范学院学报》2015 年第 7 期。

[65] 张晓普、刘宇虹、熊筱晶:《传统文化视域下大学生孝德培育研究》,《教育评论》2015 年第 9 期。

[66] 蔡晶晶:《新时期大学生“孝道”教育现状及对策》,《教育与职业》2015 年第 35 期。

[67] 巴新生、宋娜:《先秦孝道的起源与嬗变》,《天津师范大学学报(社会科学版)》2016 年第 2 期。

[68] 朱冬梅:《中国传统家训中的孝道思想及其当代价值》,《理论导刊》2016 年第 2 期。

[69] 魏建功:《弘扬孝德文化培育大学生社会主义核心价值观》,《曲靖师范学院学报》2016 年第 5 期。

[70] 卢明霞、杨吉春:《宋明理学孝德教育思想探析》,《东北师大学报(哲学社会科学版)》2016 年第 5 期。

[71] 荆世群:《中华传统孝道的基本观念与双重情怀》,《道德与文明》2016 年第 5 期。

[72] 骆风、鲁迎春:《走在“孝道”的十字路口——当代青少年的孝德表现及其培养措施》,《青年探索》2016 年第 6 期。

[73] 贺才乐、雷亚婷:《孝德教育的方法与途径探讨》,《广西教育学院学报》2016 年第 6 期。

[74] 胡仪美、丁成际:《家风建设与新孝道文化波及》,《重庆社会科学》2016 年第 11 期。

[75] 龙静云:《日常生活中孝德的践履与核心价值观的落实》,《中州学刊》2017 年第 1 期。

[76] 王天民、巩瑞贤:《儒家孝德及时代价值略论》,《吉林师范大学学报(人文社会科学版)》2017 年第 2 期。

[77] 牛嗣修:《论孔子的孝道思想及其转化和发展》,《齐鲁学刊》2017 年第 2 期。

[78] 贺才乐、张涵:《大学生新孝德教育探讨》,《创新与创业教育》2017 年第 2 期。

[79] 杨红梅:《新加坡孝道的德化机制及启示》,《当代教育科学》2017 年第 3 期。

[80] 宋素敏、刘璇:《弘扬传统孝德培养青年人家国情感》,《邢台学

院学报》2017 年第 3 期。

[81] 冯译冉、孙志勇、张坤:《当代大学生孝德教育探析》,《石家庄学院学报》2017 年第 4 期。

[82] 路丙辉:《家庭孝德培养新论》,《安庆师范大学学报(社会科学版)》2017 年第 4 期。

[83] 张云霞、江慧:《以微课为契机的高校教学模式变革探讨》,《学校党建与思想教育》2017 年第 6 期。

[84] 沈奕伶:《传统孝道:现代家风发展的基石》,《中学政治教学参考》2017 年第 6 期。

[85] 秦晓华:《提升大学生思想政治教育亲和力探析》,《学校党建与思想教育》2017 年第 19 期。

[86] 王康娟、杨文斌:《育老的孝德考量与现代路向》,《合肥学院学报(综合版)》2018 年第 1 期。

[87] 龙静云、张陆:《加强当代大学生孝德教育的探索》,《学校党建与思想教育》2018 年第 4 期。

[88] 贺才乐、张凯:《日本孝德教育内容及其对中国的启示》,《广西教育学院学报》2018 年第 5 期。

[89] 陈玲、宿一兵:《当代大学生孝德教育的路径探析》,《学理论》2018 年第 6 期。

[90] 魏华、段海岑、丁倩等:《百善孝为先?大学生双元孝道信念与网络成瘾的关系研究》,《心理发展与教育》2019 年第 1 期。

[91] 王政军、张莉:《〈管子〉中的孝德思想探析》,《青岛农业大学学报(社会科学版)》2019 年第 2 期。

[92] 陈滔、卿石松:《中国孝道观念的代际传递效应》,《人口与经济》2019 年第 2 期。

[93] 卢明霞:《关注个体幸福:孝德教育当代变革的价值取向分析》,《白城师范学院学报》2019 年第 5 期。

[94] 吕鹏、张原:《青少年"饭圈文化"的社会学视角解读》,《中国青年研究》2019 年第 5 期。

[95] 连昆:《人口老龄化背景下社会孝德建设困境与保障机制》,《湖南行政学院学报》2019 年第 5 期。

[96] 周海生:《家训中的孝道及其价值意蕴》,《理论学刊》2019 年第 5 期。

[97] 李镭:《〈论语〉中的孝道思想及其时代价值探讨》,《中学政治教学参考》2019 年第 6 期。

[98] 王康宁、卞丽娟:《先秦儒家孝道的本源、内涵及其现代转化》,《山东社会科学》2019 年第 6 期。

[99] 卞丽娟、王康宁:《儒家孝道中的“仁”及其德育镜鉴》,《当代教育科学》2019 年第 7 期。

[100] 田北海、马艳茹:《中国传统孝道的变迁与转型期新孝道的建构》,《学习与实践》2019 年第 10 期。

[101] 刘增军:《关于青年孝道教育的伦理学思考》,《人民论坛》2019 年第 29 期。

[102] 张耀灿:《深化对思想政治教育学科特点和研究方法的认识》,《学校党建与思想教育》2019 年第 23 期。

[103] 李启明:《社会转型背景下孝道观念的代际差异及其影响因素》,《中国青年研究》2020 年第 3 期。

[104] 陈力祥、张磊:《孝观念起源与孝道思想形成时间辨正》,《江淮论坛》2020 年第 4 期。

[105] 刘光洁:《传统孝道伦理价值观的时代建构功能》,《人民论坛》2020 年第 28 期。

[106] 刘芳、孔祥成:《孝道视阈下传统精神家园的三维建构及其当代启示》,《伦理学研究》2021 年第 1 期。

[107] 李秀雅、刘利华、方燕红:《父母教养方式对大学生生命意义感的影响：孝道信念的中介作用》,《心理研究》2021 年第 2 期。

[108] 郭筱琳、秦欢、罗良:《父母孝道信念与小学生孝道信念的关系：父母教育卷入的中介作用及家庭结构的差异》,《心理与行为研究》2021 年第 2 期。

[109] 张晓庆:《先秦儒家孝德的教化意蕴及其新时代价值》,《湖北工程学院学报》2021 年第 5 期。

[110] 郭德君:《社会治理视角下 00 后为主型大学生孝道现状及重塑的实证研究——基于重庆市 6 所高校 1101 份问卷调查》,《云南大学学报

（社会科学版）》2021 年第 6 期。

[111] 葛四友：《重塑传统孝道的人性反思》，《探索与争鸣》2021 年第 8 期。

[112] 许琪：《孝道观念与赡养行为的变迁》，《社会发展研究》2022 年第 1 期。

[113] 郑大华、廖慧贞：《东西方文明冲突下的中国近代孝道文化变迁》，《学术探索》2022 年第 1 期。

[114] 赵玉英、杨洋、徐杨：《大学生孝德自觉养成路径》，《辽宁工程技术大学学报（社会科学版）》2022 年第 4 期。

[115] 张平仁：《孝道的内涵层级、评判维度与当代创新》，《华侨大学学报（哲学社会科学版）》2022 年第 5 期。

[116] 丁志宏、王伟成：《城市青年孝道观念变化及其对代际支持的影响》，《中国青年社会科学》2022 年第 5 期。

[117] 潘昱州、郭玉秀：《中国传统孝道文化的现代转型》，《人民论坛·学术前沿》2022 年第 7 期。

[118] 赵华等：《孝德文化视域下护理专业大学生积极老化态度的培育——以山西中医药大学为例》，《教育理论与实践》2022 年第 30 期。

[119] 韩星：《孝悌之道与家庭伦理》，《学习与实践》2023 年第 1 期。

[120] 何海燕：《孝之家国意义的多维阐发——汉代四家〈诗〉视域下的孝亲诗》，《湖北大学学报（哲学社会科学版）》2023 年第 1 期。

[121] 孙杰：《由孝而教：古代教育智慧之中国式表达》，《学术探索》2023 年第 2 期。

四、学位论文

[1] 王长坤：《先秦儒家孝道研究》，西北大学博士学位论文，2005 年。

[2] 相恒振：《孔子孝德思想探析》，山东大学硕士学位论文，2007 年。

[3] 蒋长富：《大学生孝德培育研究》，中南大学硕士学位论文，2009 年。

[4] 卢明霞：《中国孝德教育的历史与变革》，东北师范大学博士学位

论文，2010年。

[5]武宜俊:《中国传统孝德思想研究》，南京师范大学硕士学位论文，2011年。

[6]杨立灵:《中国传统孝德现代转化问题研究》，河北经贸大学硕士学位论文，2011年。

[7]周重浪:《当代大学生孝德现状及教育对策研究》，中南大学硕士学位论文，2012年。

[8]谭倩:《中国孝德文化与当代青少年孝德教育初探》，湖南师范大学硕士学位论文，2012年。

[9]张彩霞:《传统孝文化与大学生道德教育问题研究》，西北师范大学硕士学位论文，2012年。

[10]何日取:《近代以来中国人孝观念的嬗变》，南京大学博士学位论文，2013年。

[11]刘霞:《当代中国孝德危机与重构研究》，山西大学硕士学位论文，2015年。

[12]敬丹:《儒家孝文化在学校德育中的应用》，西南科技大学硕士学位论文，2015年。

[13]金小燕:《德性伦理学视野下的儒家孝道研究》，山东大学博士学位论文，2015年。

[14]王瑾:《孝道文化的历史演变与现代传承研究》，青岛科技大学硕士学位论文，2015年。

[15]程能的:《孔子孝德思想研究》，浙江财经大学硕士学位论文，2016年。

[16]贾效明:《中国传统文化与思想政治工作融合论》，中共中央党校博士学位论文，2016年。

[17]岳庆玲:《传统儒家孝德教育研究》，湖南师范大学硕士学位论文，2016年。

[18]张倩:《儒家“孝”伦理的现代价值及其实现路径》，西北大学硕士学位论文，2016年。

[19]顾丹颖:《当代大学生孝德现状及教育对策研究》，上海师范大学硕士学位论文，2016年。

[20] 程为民:《当代大学生中华优秀传统文化认同研究》，武汉大学博士学位论文，2017 年。

[21] 孙志勇:《当代中国乡村孝文化建设研究》，河北师范大学博士学位论文，2017 年。

[22] 马兰兰:《先秦儒家价值体系研究》，河北大学博士学位论文，2018 年。

[23] 金泽奥:《孝伦理的双重维度及其当代构建研究》，东北师范大学硕士学位论文，2018 年。

[24] 陈伟:《大学生孝文化认同研究》，西南大学硕士学位论文，2019 年。

[25] 李茹霞:《大学生孝德观培育研究》，太原科技大学硕士学位论文，2019 年。

[26] 石莹:《先秦儒家君子人格思想融入大学生道德教育研究》，西南交通大学博士学位论文，2020 年。

[27] 李娜:《中华传统孝文化融入大学生道德教育的路径研究》，吉林大学硕士学位论文，2020 年。

[28] 田山妹:《大学生优秀传统孝文化教育研究》，辽宁师范大学硕士学位论文，2020 年。

[29] 张菁:《孝文化融入高校思想政治教育路径研究》，山西师范大学硕士学位论文，2020 年。

[30] 仉文平:《〈孝经〉中孝道思想在当代大学生道德教育中的价值研究》，内蒙古农业大学硕士学位论文，2022 年。

附录　当代大学生孝德现状调查问卷

亲爱的同学：

你好！非常感谢你抽出宝贵时间填写此问卷。为了更深入地了解当代大学生的孝德状况，我们组织此次调查。此次调查采用匿名方式，所有数据仅供研究使用，答案没有对错之分，请根据自己的实际情况填写，我们保证严格保密你的个人信息，对你的支持表示感谢！

一、基本信息

1.你的性别：

A.男　　B.女

2.你的年级：

A.大一　　B.大二　　C.大三　　D.大四

3.你是否独生子女：

A.是　　B.否

4.你的专业类别：

A.理工类　　B.文史类　　C.艺体类　　D.其他

5.你的政治面貌：

A.中共党员（含预备党员）　　B.共青团员　　C.群众　　D.其他

6.你的家庭所在地生源地：

A.城市　　B.县城　　C.农村

二、问卷内容

1.您认为现在大学生孝顺父母的意识如何？(　　)

A.浓厚　B.一般　C.淡薄

2.您周围的同学孝顺父母的风气如何？(　　)

A.非常好　B.比较好　C.一般　D.比较差　E.非常差

3.您周围孝顺父母的典型多不多？(　　)

A.非常多　B.有，但不是很多　C.几乎没有　D.完全没有

4.您身边大学生有不孝的行为吗？(　　)

A.很多　B.有，但不多　C.没有

5.您认为当代大学生提倡“孝德”有没有必要？(　　)

A.很有必要　B.—般　C.没必要　D.无所谓

6.社会上存在着一些父母将不肖子女送上法庭的事情，您的态度？(　　)

A.非常赞同　B.中立　C.反对

7.您看过关于《孝经》《二十四孝》等关于孝德的故事或书籍吗？(　　)

A.看过很多　B.看过一些　C.没看过

8.您认为传统孝德的主要内容包括哪些？(不定项选择)(　　)

A.尊敬父母　B.赡养父母　C.顺从父母

D.传宗接代　E.厚葬父母　F.其他

9.您认为孝德可以作为当代家庭道德规范吗？(　　)

A.能够　B.不能够　C.说不清

10.您上大学的目的是什么？(不定项选择)(　　)

A.改善父母生活　B.找份好工作

C.实现自身理想　D.遵从父母意愿

11.假如您长期在外地学习联系父母多不多？(　　)

A.经常联系　B.偶尔联系　C.有事才联系　D.基本不联系

12.如果认为父母说得不对，您会采取什么态度？(　　)

A.顶撞　B.沉默　C.与父母商量交换想法

D.努力使父母接受自己的观点

13.当父母心情不好的时候，您会怎么做?(　　)

A.想办法让父母高兴　B.为父母排忧解难　C.避开不管

14.您平时是否会做以下这些事情?(不定项选择)(　　)

A.放假在家陪伴父母话家常　B.父母询问不了解的事情时耐心讲解

C.清楚记得父亲或母亲的生日　D.关心父母的健康和起居

E.经常与父母商量事情　F.在网络上挥霍时间

G.花钱大手大脚

15.您在为父母行孝实践中是否会受外界因素的影响?(　　)

A.总是受影响　B.偶尔受影响　C.从不受影响

16.您所在的学校开展与"孝德"有关活动的情况如何?(　　)

A.非常多　B.有但不多　C.没有　D.不清楚

17.您认为目前高校的大学生孝德教育做得怎样?(　　)

A.很好　B.比较好　C.一般　D.比较差

18.您对高校德育课程中孝德教育的内容感兴趣的程度?(　　)

A.很感兴趣　B.一般　C.不感兴趣

19.您对孝德的了解主要通过哪种途径?(不定项选择)(　　)

A.家庭教育　B.学校教育　C.社会影响

D.其他(请列出)________________________

20.您比较感兴趣的学校孝德教育方式是什么?(不定项选择)(　　)

A.课堂讲授　B.开展主题班会　C.课外实践　D.网络宣传

E.阅读书籍　F.漫画展览　G.观看影视作品

H.其他(请列出)________________________

21.对于当前开展大学生孝德的培养，您有什么建议?

____

____

____

对于您的积极配合再次表示感谢，祝您生活愉快，学业有成!

后 记

时光荏苒，岁月如梭，已从求学时的懵懂少年，进入而立之年。回首漫漫求学路，时光如落花流水匆匆流去，感慨已然错过的美好时光，总觉得若有所失。偶然间幡然醒悟，人生成长总该有所获。探索多年求学知识积累，形成人生学术道路的阶段性成果。本书源于对中华优秀传统文化的浓厚兴趣，源于对父母家人的感恩之情，也源于多年求学生涯里对大学生孝德教育问题的专业积累。关注中华优秀传统孝德文化，研究大学生孝德培养，无形中让我对传统文化与孝德教育问题、对学术生涯道路都有了更加深刻的认识和理解。

书山有路勤为径，学海无涯苦作舟。学术路漫漫，没有任何捷径可走。写作过程中倾注了大量的精力与心血，充满了苦闷与挣扎、欢欣与喜悦。难以忘记，多少个夜晚辗转难眠，多少个夜晚奋笔疾书……正是这些愁与苦为伴、欢与乐同行的日子，磨炼了我的意志，增长了我的学识，鞭策着我的成长。我不禁想起王国维《人间词话》中说的做学问者须经过三种境界：昨夜西风凋碧树。独上高楼，望尽天涯路，此第一境界也；衣带渐宽终不悔，为伊消得人憔悴，此第二境也；众里寻他千百度。蓦然回首，那人却在，灯火阑珊处，此第三境也。学术道路上的探索，既有百思不得其解的艰难困苦，也有豁然开朗后的甘甜滋润。读书学习之道，看似无边无际，不知何去何从，倘若勤奋刻苦，书山自有石经，学海岂无彼岸。这是本书写作过程中的最大体会。

经师易遇，人师难遇。感谢导师的悉心指导和谆谆教诲。求学路上幸得导师指点，承受师恩、增长学识，留下满满的回忆和充实的成长。本书是在学位论文基础上修改完成的，从选题、大纲、初稿以及不断修改完善到最终的定稿，无不凝聚着导师的智慧和心血。感谢导师韦冬雪教授的悉心帮助和指导，使本书得以不断完善。心里充满了感激之情，想要表达深深的谢意。多年求学路里，学习上从导师那里获得了宝贵的知识，生活上从导师那里得到了可贵的关怀，最真挚的感谢送给导师。传道授业解惑，师道芳香千古。恩师治学严谨、潜心学问、学识渊博，对学生特别热心和关爱，是我永远学习的楷模和榜样。望今后的人生之旅和学术之路，能一如既往得到导师的指点。

人生幸事莫过于遇良师，得良友。学术是一个薪火相传、前赴后继的过程，其间不仅有知识的获取和智慧的增长，更是情义的凝结和友谊的升华。感谢我的同门师兄师姐和师弟师妹，在学习上的帮助，在生活上的关爱。特别感谢我的好友乃燕、培林、桂梅、菲菲、康海、贵波、周维等，恕在此无法详列，在学习上、生活上的慰勉和激励。在我懈怠时，你们鼓励我不断向前；在我彷徨时，你们指引我前行方向；在我无助时，你们提供我无私帮助。你们让我倍感温暖和鼓舞，你们让我更有信心和勇气。人生路上，感谢有你们。

没有家人一如既往的支持，我无法披荆斩棘，勇往直前。要特别感谢我的家人，家人的强有力支持，免除了我的很多后顾之忧。特别感谢可敬可爱的父母，感谢你们的栽培养育之恩，一直鼓励与支持我的求学路。特别感谢我的兄弟姐妹，感谢你们的莫大理解和支持。无论是获得荣誉与掌声，抑或是遇到挫折与低谷，家人使我既有宠辱不惊的态度，又有锲而不舍的意志。长期以来的繁重学业与工作压力，疏于对父母家人的关心照顾，内心也是充满愧疚。

人生弯弯曲曲水，世事重重叠叠山。生活中，坎坷与磨难并存，之所以一路向前，贵人的帮助功不可没。感谢所在工作单位学院领导老师的关怀与提携。特别是本书的顺利出版得到了学院领导的大力支持和老师们的无私帮助，获得了学院提供的专著出版项目经费资助，在此一并感谢。人生道路上给予我帮助的人非常多，恕本人无法在此一一列举。你们的真情，我铭记于心；你们的恩情，我此生难忘。

虽经多次反复修改，但仍有许多新内容、新思考未能述及。由于本人能力有限、精力有限，成书时间紧迫，书中难免存在一些疏漏和不足，真诚希望专家学者和读者朋友批评指正。

黄倩倩

2023年3月31日于广西桂林